REIKI

AS RESPOSTAS
DA USUI REIKI RYOHO GAKKAI

"Comece desde já a escrever, se quiser ser escritor."
JOHNNY DE' CARLI

Johnny De' Carli

REIKI
AS RESPOSTAS
DA USUI REIKI RYOHO GAKKAI

"Compartilhar, eis o grande e seguro Caminho para a plenitude."
JOHNNY DE' CARLI

© Publicado em 2018 pela Editora Anubis

Supervisão geral: Marcelo Aquaroli
Diagramação: Décio Lopes
Revisão de textos: Cristina Rego Monteiro da Luz e Inez Kassel

---

DADOS INTERNACIONAIS DE CATALOGAÇÃO NA PUBLICAÇÃO (CIP)
(CÂMARA BRASILEIRA DO LIVRO, SP, BRASIL)

De' Carli, Johnny

Reiki – As Respostas da Usui Reiki Ryoho Gakkai / Johnny De' Carli – 1ª Edição – São Paulo, Editora Anubis, 2018. – 320 páginas – 16x23 cm

Inclui bibliografia e índice
ISBN: 978-85-67855-60-8

1. Reiki (Sistema de cura) 2. Terapia holística 3. Usui, Mikao, 1865-1926 I. Título.

18-17913   CDD-615.852

Índices para catálogo sistemático:

1. Reiki : Sistema de cura : Terapias alternativas   615.852
Maria Paula C. Riyuzo - Bibliotecária - CRB-8/7639

Todos os direitos sobre esta obra estão reservados ao Autor, sendo proibida sua reprodução total ou parcial ou veiculação por qualquer meio, inclusive internet, sem autorização expressa por escrito.

Dedicatória

Aos meus pais Alicia Requena e Carlos De' Carli Neto, pela dádiva da vida e pela proteção, preocupação, atenção e amor com que nutriu minha infância. Desconfio que Deus, como não podia estar em toda parte, criou as mães. Depois de Deus, nossa mãe!

A minha querida esposa Rita de Cássia Lima De' Carli que, na prática da boa magia mineira, me ensina a importância do silêncio. Para os mineiros, o silêncio não comete erros.

Com minha esposa Rita, no "V Congresso Nacional de Reiki de Portugal", cujo apoio foi fundamental para a realização de mais esta obra. (foto de Rita De' Carli)

"Um bom cônjuge é o melhor remédio caseiro que existe."
JOHNNY DE' CARLI

A meus irmãos Carlos, Helio e Ricardo, por tudo o que passamos juntos em nossa infância e pela grande amizade que nos une. Como é bom ter irmãos!

A meus filhos Juliana, Diana e Daniel, pela grande experiência da paternidade e pelo amor que me dá forças para avançar.

A meus três primeiros netinhos Daniel, Lorenzo e Maria Lídia, por mais essa grande experiência nessa vida.

À minha nora e genros Geani, Clayton e Lorenzo, por me presentearem com lindos netos e fazerem meus filhos e netos tão felizes.

A família é uma das obras-primas da Natureza!

Também a você, que vive e trabalha para o bem.

"Flores diferentes coexistem num mesmo jardim."
Johnny De' Carli

Agradecimentos

Agradeço primeiramente a Deus e a meus pais pela experiência desta vida.

Agradeço aos meus mentores espirituais, que me assistem em todas as etapas do "Caminho", irradiando a chama da verdade.

Agradeço a minha combatente esposa Rita de Cássia Lima De' Carli, cujo apoio foi fundamental para a realização de mais esta obra.

Agradeço ao *Sensei* Fuminori Aoki e à *Sensei* Noriko Ogawa, de Tokyo, pelo Prefácio desse livro.

Agradeço à Mestre de Reiki Patrícia Kazuko Nishiyama, tradutora oficial de nosso Instituto de Reiki, pelo suporte e tradução do Manual original denominado *"Reiki Ryoho No Shiori"* para o português.

Agradeço à Mestre de Reiki Auristela Maria Mendes Romeu pelo suporte e revisão dessa obra.

Agradeço ao Reikiano Décio Lopes pelo suporte e editoração de mais esse livro.

Agradeço aos Editores Milena e Marcelo, da Editora Anubis, por acreditarem no meu trabalho e editarem mais essa obra.

"Lembre-se de que ninguém vence sozinho. Tenha gratidão no coração e reconheça prontamente aqueles que o ajudaram."
JOHNNY DE' CARLI

Com o Mestre de Reiki João Magalhães, fundador e Presidente da dinâmica "Associação Portuguesa de Reiki Monte Kurama", no "V Congresso Nacional de Reiki de Portugal", ocorrido no dia 25 de outubro de 2014, no Centro Ismaili de Lisboa; no exato momento que fez chegar às minhas mãos, em idioma japonês, o Manual original denominado "*Reiki Ryoho No Shiori*". (foto de Rita De' Carli)

Agradeço ao Mestre de Reiki João Magalhães, por fazer chegar às minhas mãos, em idioma japonês, o Manual original denominado "*Reiki Ryoho No Shiori*", no ano de 2014.

Agradeço à Claudiane Andre de Sousa, à Cristiane da Silva, à Ivone Ferreira, à Adélia Aparecida Silva Teófilo e à Ansai Emiko pelo suporte operacional.

Agradeço aos meus alunos, que me procuraram para aprender e acabaram sendo meus grandes e maiores mestres. Não encontro palavras para expressar o quanto lhes sou grato, por me mostrarem que sempre tenho muito a aprender.

"Todos aqueles que vêm até nós com boas intenções devem ser tratados com gratidão, gentileza e carinho. Devemos ter gratidão no coração."
Johnny De' Carli

Índice

Prefácio 11

Apresentação 15

Introdução 19

Capítulo 1 | As Respostas da "*Usui Reiki Ryoho Gakkai*" 29

    1.1 Antecedentes à descoberta do Reiki 29

    1.2 Mikao Usui – O descobridor do Reiki 30

    1.3 Monte Kurama: local da descoberta 33

    1.4 Meditação de Mikao Usui 34

    1.5 Primeiro resultado do Reiki 35

    1.6 Início da divulgação do Reiki pelo *Sensei* Usui 35

    1.7 Memorial a Mikao Usui 39

    1.8 Energia Reiki 42

    1.9 Reikiano 44

    1.10 Terapia Reiki 47

    1.11 Reiki em animais e plantas 49

    1.12 Processo de sintonização 50

    1.13 Imperador Meiji 54

> *"Organize-se. A organização traz paz."*
> JOHNNY DE' CARLI

1.14 Poemas do Imperador Meiji 56
1.15 *Reiki Ryoho no Shiori* 58
1.16 *Usui Reiki Ryoho Gakkai* 59
1.17 Reiki na *Usui Reiki Ryoho Gakkai* 62
1.18 Membros da *Usui Reiki Ryoho Gakkai* 65
1.19 Fortalecimento da energia Reiki 70
1.20 Aperfeiçoamento espiritual do Reikiano 71
1.21 Autoaplicação de Reiki 72
1.22 Reiki em doentes terminais 73
1.23 Cinco Princípios do Reiki 74
    Não fique com raiva 77
    Não se preocupe 79
    Seja grato 82
    Seja dedicado ao trabalho 84
    Seja gentil com as pessoas 85
1.24 Meditação *Gassho* 86
1.25 Causas das doenças 87
1.26 Técnicas de Reiki ensinadas pelo *Sensei* Usui 89
1.27 Tratamento de Reiki 89
1.28 Tratamentos específicos 103

Capítulo 2 | *"Reiki Ryoho No Shiori"* (Documento original em Japonês) 123
Capítulo 3 | *"Reiki Ryoho No Shiori"* (Traduzido para o Português) 229
Anexo 1 | Instituto Brasileiro de Pesquisas e Difusão do Reiki 317
Bibliografia 319

"A aprendizagem obedece a um ritmo que deve ser respeitado."
Johnny De' Carli

Prefácio[*]

Expressamos nossa imensa alegria pela publicação do *Sensei* Johnny, *Reiki Master*, visto que possuímos uma grande afinidade em comum de amor pelo Reiki. Até o momento, foram publicados pelo *Sensei* Johnny vários livros influentes no Reiki, e, pelo que ouvi dizer, este exemplar é a sua 12ª obra. Até agora, desconheço que exista outro *Reiki Master*, conhecido em todo mundo, que siga escrevendo continuamente livros sobre o Reiki.

Essa importante realização seria impossível de ser executada sem que houvesse este profundo espírito de pesquisador e entusiasmo pelo Reiki.

A primeira vez que encontramos o *Sensei* Johnny foi em 1998. Depois disso, consideramos ser uma conexão do Universo termos ficado 20 anos nesse longo intercâmbio através do Reiki e, para nós, esse fato é digno de espanto!

Desenvolvemos um Sistema chamado de *Reido Reiki*, com 25 anos de história junto ao Reiki, e o *Sensei* Johnny, da mesma maneira, começou a pesquisa do Reiki em território brasileiro.

[*]. Traduzido por Patrícia Kazuko Nishiyama – Mestre de Reiki.

"*A boa amizade não necessita de palavras.*"
JOHNNY DE' CARLI

Durante esse período, muitas vezes, veio visitar o Japão. Quando nós fomos juntos ao encontro do túmulo do *Sensei* Usui, escutei uma mensagem: *"Sendo escolhidos, com consciência, cada qual em seu território, compartilhem sobre a Terapia Reiki."*

Não é exagero dizer que se iniciou a pesquisa com o sentimento de respeito em relação ao *Sensei* Mikao Usui, fundador da Terapia Reiki de Usui, e sobre o Imperador Meiji, que conduziu a grande transformação do Japão naquela época.

Desde então, o *Sensei* Johnny, através do Reiki, tem convicção de que o Japão é a sua segunda terra natal, a de alma.

Este livro será uma compilação desse estudo do Reiki, com base em perguntas e respostas, sobre as quais não tínhamos conhecimento e, além disso, unirá pensamentos profundos do Reiki sobre a Terapia Reiki de Usui.

Seria de uma grande felicidade se, a nível global, o Reikiano, neste importante período, tivesse uma sintonia unindo-se a esta onda de amor e paz, sentindo a origem do Reiki de Usui.

Os Reikianos, mesmo agora, são pessoas escolhidas com a função de "curar o planeta Terra", e isso ocorre no momento em que despertam a consciência.

O *Sensei* Johnny, sendo o elo entre o Japão e o Brasil, é uma desejada e importante existência para transmitir o amor do Reiki para o mundo todo.

Precisamos de Reikianos que transmitam ao mundo a aplicação do método para se chegar à felicidade e que compartilhem o conhecimento, tomando a iniciativa de serem exemplos.

"O verdadeiro amigo é aquele que nos transforma num ser humano melhor."
JOHNNY DE' CARLI

A essência do Reiki é o amor. Vamos nos unir além das fronteiras, palavras, raças e religiões.

O *Sensei* Mikao Usui, fundador da Terapia Reiki de Usui, certamente está olhando atentamente e nos protegendo.

Com o amor do Reiki,

Fuminori Aoki e Noriko Ogawa
Presidentes do *Reido Reiki*
HUMAN & TRUST INSTITUTE

Sensei Fuminori Aoki e *Sensei* Noriko Ogawa,
de Tokyo, Prefaciadores do livro.
(*foto de Ansai Emiko, 2018*)

"A amizade é uma planta
que precisa ser regada com frequência."
Johnny De' Carli

Apresentação

Em minha infância, sempre me interessava pelas aulas de Educação Moral e Cívica, disciplina obrigatória no Brasil entre os anos de 1969 e 1996. Posteriormente, já na minha juventude, observando o comportamento de nosso saudoso piloto de Fórmula 1, Ayrton Senna, que, quando vencia uma corrida, fazia questão de honrar a bandeira brasileira, acabei desenvolvendo, dentro de mim, um sentimento muito forte de amor e devoção à nossa pátria. Gosto muito do Princípio do Reiki *"Expresse sua gratidão"*. Ser patriota é uma das maneiras de expressar gratidão à pátria que nos acolheu. Defendo que o sentimento de amor, gratidão e respeito à pátria deve ser despertado não só nos Reikianos, mas em todos os cidadãos. Há diferentes tipos de patriotismo, diferentes pessoas que são patriotas, diferentes maneiras de mostrar como são devotas ao seu lugar de origem (patriotismo nos esportes, patriotismo cultural, etc.). A paixão que nutro pelo Reiki e pelo Brasil me faz, sempre que possível, aceitar palestrar, como Mestre de Reiki brasileiro, em Congressos Internacionais de Reiki; nessa condição, já estive na Espanha (Madrid, Barcelona e Málaga) e em Portugal (Lisboa, Guimarães e Porto).

"Cada acontecimento tem sua consequência na eternidade."
Johnny De' Carli

Com a graça de Deus, motivado pela antiga e estreita amizade que me une ao Mestre de Reiki João Magalhães, fundador e Presidente da dinâmica "Associação Portuguesa de Reiki Monte Kurama", aceitei o convite para participar, como orador, do "V Congresso Nacional de Reiki de Portugal", ocorrido no dia 25 de outubro de 2014, no Centro Ismaili de Lisboa (Rua Abranches Ferrão, 1600-001 – Laranjeiras/Lisboa). Tive o privilégio e a grande responsabilidade de ser o primeiro orador do Congresso, logo às 10h30min, falando sobre o "Reiki, como método de expansão de consciência", tema de minha palestra.

Rita, minha amada esposa, sempre me acompanha em todos os eventos que participo. Nutrimos o hábito de sempre levarmos também algum familiar próximo. Nesse evento, fomos acompanhados de minha querida mãe Alicia Requena, que também é Mestre de Reiki. É infalível!!! Sempre que honramos os nossos pais, de alguma forma, o Universo nos brinda com alguma benção.

Com minha amada mãe, a Mestre de Reiki Alicia Requena, o Mestre de Reiki João Magalhães e minha esposa Rita, também Mestre de Reiki, no "V Congresso Nacional de Reiki de Portugal". (foto de Rita De' Carli)

"A pessoa que não aprendeu a dividir, não aprendeu a amar."
JOHNNY DE' CARLI

Assistência do "V Congresso de Reiki de Portugal". (foto de Rita De' Carli)

No intervalo do almoço desse Congresso, estava almoçando com minha mãe e esposa, quando se sentou à nossa mesa o João Magalhães, Presidente da Associação. Numa postura de gratidão, João me entregou em mãos uma apostila grossa impressa em papel, com 103 páginas, toda em japonês. Eu perguntei do que se tratava e ele me respondeu que ainda não sabia, mas que estavam investigando, só tinha conhecimento que era um documento muito importante para a comunidade Reikiana. Comecei a folhear a apostila, logicamente sem entendê-la, e minhas mãos começaram a "pegar fogo", em decorrência de um forte fluxo de Energia Reiki; entendi ser aquele um aviso dado pelo "Alto".

Cerca de cinco meses após esse evento, escrevi um e-mail para o João pedindo mais detalhes sobre a apostila e qual foi a minha surpresa, ele me enviou o documento já traduzido para o Inglês, isso no dia 22 de março de 2015. Não tardou muito, João providenciou a tradução do Inglês para o Português de Portugal. Pude perceber a

"As pessoas são conduzidas à verdade para a qual estão preparadas."
JOHNNY DE' CARLI

grandiosidade e a importância daquele material, para a comunidade Reikiana de todo o mundo.

Após a II Guerra Mundial, o Reiki continuou existindo no Japão. Pasmem, a *"Usui Reiki Ryoho Gakkai"*, Associação fundada pelo *Sensei* Usui pouco antes de sua transição, manteve-se ativa e desenvolveu um Manual para seus Membros, denominado de *"Reiki Ryoho No Shiori"* e publicado em setembro de 1974 (a *Sensei* Hawayo Takata ainda estava viva e ativa, lecionando o Reiki). O Manual foi escrito por Koshiro Fukuoka, Membro pertencente à Sede, na gestão do Presidente da *"Usui Reiki Ryoho Gakkai"* daquela época, o *Sensei* Hoichi Wanami. Esse Manual, baseado nas obras, na instrução oral e nos relatos sobre as experiências vividas de cada Mestre dessa Associação, destina-se aos novos Reikianos para que compreendam bem o que é a Terapia Reiki. O Manual é de porte obrigatório, todos os Membros o possuem; nele há explicações sobre como tratar diferentes problemas de saúde, há um resumo dos "pontos" indicados para aplicação de Reiki e estão descritos detalhadamente os procedimentos para realizar os tratamentos.

O Português, em termos de vocabulário, é uma língua bem mais rica, complexa e sofisticada que o Inglês. Pude perceber que o Manual em Português de Portugal, proveniente do Inglês, poderia ser melhorado. Tomei a decisão de refazer a tradução da "estaca zero".

No dia 19 de setembro do ano de 2015, através da Mestre de Reiki Patrícia Kazuko Nishiyama, tradutora oficial de nosso Instituto de Reiki, iniciamos a tradução do Manual original denominado *"Reiki Ryoho No Shiori"* para o Português, que contou com o valioso suporte de nossa revisora, a também Mestre de Reiki Auristela Maria Mendes Romeu. Esse livro foi todo baseado nessa obra.

"Não tente realizar, realize."
Johnny De' Carli

Introdução

Tive o cuidado de, pela primeira vez, fazer a Introdução de um livro contando com 100% das informações retiradas de um único documento, datado de 1974, o Manual que originou esta obra, o *"Reiki Ryoho No Shiori"*, publicado pela Associação *"Usui Reiki Ryoho Gakkai"*, fundada em abril de 1922 diretamente pelo *Sensei* Mikao Usui, criador do método Reiki.

Existem muitos casos relatados anteriores ao Reiki, nos quais sumos sacerdotes, Cristo e outros curaram doenças ao tocarem com as mãos um corpo doente.

Um cidadão japonês, Mikao Usui, nascido no ano de 1865, estudou na Europa e na América; ao longo de sua vida trabalhou como oficial do governo, funcionário de empresa, jornalista, missionário, capelão e empresário, adquirindo muitas experiências na vida. Usui não era contra o uso da Medicina convencional e a conhecia muito bem, fato que os médicos especialistas ficavam surpresos.

Mikao Usui, insatisfeito com a realidade da sociedade, começou a questionar *"qual o sentido da vida?"*, percebeu que o objetivo final da vida é obter a paz espiritual. Nesse momento, ele obteve o primeiro grande entendimento. Desde então, ingressou numa seita *Zen* onde

*"Assumir o controle da própria vida é essencial.
Somos os condutores do nosso destino."*
JOHNNY DE' CARLI

praticou por cerca de três anos. Sem conseguir a iluminação espiritual e, não sabendo o que fazer, foi consultar o seu Mestre. O Mestre, imediatamente, respondeu: *"morra uma vez."* Usui, sem conseguir esse entendimento maior almejado, após seu Mestre ter-lhe dito *"morra"* (no sentido de "transformar-se numa nova pessoa") foi para Kyoto, no Monte Kurama. Nessa montanha, isolado a 20 km da cidade, iniciou um jejum; na 3ª semana, por volta da meia-noite, sentiu um forte estímulo bem no meio do cérebro, como se tivesse sido atingido por um raio, e ficou inconsciente; recobrou a consciência quando estava amanhecendo; foi um despertar que ele nunca havia experimentado até então. De fato, foi uma sensação reconfortante tanto no físico como na alma. Provavelmente, nesse momento, ele captou na alma uma forte Energia do Universo. Usui, durante o retiro em jejum, teve a grande compreensão da "verdade" e, com isso, um novo método de tratamento foi aberto ao público, o Reiki, para milhões de pessoas. Esse acontecimento ocorreu em abril de 1922. Usui, quando encerrou a prática do jejum, recebeu uma expandida percepção extrassensorial (inspiração Divina), na qual a Energia do Universo *(Rei)* combinou com a energia de dentro do corpo *(Ki)*. Percebeu que o Universo estava nele e ele estava no Universo, que o Macrocosmo e o corpo humano se interpenetram.

A primeira experiência de Usui com o Reiki ocorreu durante a descida do Monte, ele tropeçou numa pedra, machucando o dedo do pé; colocou a mão e logo percebeu a força do tratamento.

Nos dias posteriores ao jejum, Usui, sem desejo egoísta, com espírito altruísta, resolveu repassar às pessoas esse conhecimento. Ele não conseguiu manter a posse exclusiva dessa alegria e criou a doutrina da Terapia Reiki. Para transmitir aos outros o que havia recebido, Usui fundou uma Associação, a *"Usui Reiki Ryoho Gakkai"*, em abril

"De uma forma ou de outra, somos sempre conduzidos para o Caminho que precisamos percorrer."
Johnny De' Carli

de 1922. A primeira sintonização (iniciação) de Reiki realizada pelo *Sensei* Usui aconteceu em Harajuku, em Shibuya, Tokyo.

O *Sensei* Usui faleceu em 1926, sua sepultura está localizada no cemitério do Templo Saihoji, localizado em Koenji, Tokyo. Os Membros da *"Usui Reiki Ryoho Gakkai"* têm o hábito de nunca deixar extintos os cuidados com a limpeza da sepultura, colocação de incensos e coroa de flores.

O veículo que a Terapia Reiki utiliza é a Energia Vital Universal que está presente em todas as coisas do Universo, tudo quanto existe no Céu e na terra possui a energia Reiki, sem exceção. No Reikiano, a energia Reiki é emitida pelo corpo todo, mas a emissão é mais forte pela boca, olhos e na palma da mão. Essa energia propicia que levemos a vida em harmonia e o ser humano aumente a sua capacidade de autocura. Quando alguém recebe essa terapia, mesmo na primeira vez, surpreende-se com o excelente resultado.

A energia Reiki não é explicada pelos Membros da *"Usui Reiki Ryoho Gakkai"* nem, por enquanto, pela Ciência, ou seja, a Terapia Reiki não está devidamente comprovada dentro da metodologia científica. A Ciência moderna está passando por progressos verdadeiramente surpreendentes, pode-se dizer que está próximo o dia em que a existência da energia Reiki será explicada cientificamente. Por enquanto, somente aqueles que aprendem este método podem conhecer esta satisfação, esta alegria.

A Ciência afirma que o corpo humano possui capacidade de irradiar energia, por isso, a energia Reiki funciona para todos. Observou-se que de todas as pessoas que receberam a sintonização, não houve uma sequer em que a energia Reiki não fluísse. Os seres humanos são considerados como microcosmo porque recebem o grande Poder

"A vida é mais do que nossos olhos podem ver."
Johnny De' Carli

Espiritual desse Macrocosmo, e todos detêm uma parte dessa grande Energia Espiritual dentro do corpo.

A Terapia Reiki pode ser praticada por idosos, jovens, homens ou mulheres, sem distinção alguma, todos podem utilizá-la, não sendo prejudicial.

No início do aprendizado muitos são geralmente incrédulos e, conforme vão vivenciando, a fé e a convicção tornam-se mais fortes. É muito importante sempre ter em mente aperfeiçoar o próprio espírito e receber bastante a grande Energia Espiritual do Universo.

Observa-se que em caso de doenças, a Terapia Reiki não substitui o consumo de medicamentos, mas pode minimizar a medicação.

Num tratamento de Reiki, a cura de uma região enferma ocorre quando uma pessoa com capacidade espiritual (iniciada no Reiki) coloca suas mãos carregadas de energia Reiki sobre a parte doente, isso afetará positivamente a função da célula e ela será restaurada (num processo similar ao carregamento de uma bateria de um telefone celular). Mas, uma pessoa que se trata com a Terapia Reiki de forma alguma deve evitar um tratamento médico, a Medicina moderna está passando por um rápido progresso e, no caso de encontrar-se doente, seria errado evitar o médico. O médico deve ser respeitado em meios científicos e empíricos. Assim, um tratamento de Reiki pode ser utilizado em complemento a um tratamento médico convencional, o médico ajuda no tratamento da doença, utilizando medicamentos para ativar o metabolismo e, em caso de cirurgia, após a mesma, usa antisséptico e outros, aguardando a atuação do metabolismo. A Terapia Reiki utiliza a capacidade de cura natural para o tratamento de doença e, nesse propósito, há uma sincronia, pois eles combinam. Portanto, é possível a atenção simultânea, tanto a médica quanto a da Terapia Reiki. Misteriosamente, é possível com a Terapia Reiki curar doenças

"Um dos maiores erros das pessoas é o hábito de ignorar os assuntos sobre os quais nada sabem."
JOHNNY DE' CARLI

que a Medicina convencional não consegue curar; é uma grande satisfação ver as pessoas, cujos médicos desistiram de ter esperanças, tornarem-se felizes novamente com a cura.

A Terapia Reiki não é destinada exclusivamente às pessoas, é eficaz em todas as coisas que existem no Universo, não se limitando somente ao ser humano; tem o seu efeito em cavalos, cães, gatos, peixinhos, pássaros, ovos (de bicho-da-seda por exemplo), árvores, sementes e similares. Após aplicação da energia Reiki em sementes de arroz ainda com casca, observou-se uma colheita de boa qualidade.

O Reiki funciona desde o momento da primeira sintonização, já poderá fluir muito forte desde o início.

Meiji foi o Imperador de nº 122 do Japão, dentre as gerações sucessivas de Imperadores, era o que possuía uma capacidade espiritual muito superior. Naquele tempo, havia muitos veteranos, conselheiros e verdadeiras personalidades que vivenciaram muitas dificuldades e que, quando ficavam perante o Imperador, suavam muito, mesmo estando no meio do inverno. Isso não ocorria por causa das funções que cada um exerce, com suas distintas obrigações com relação ao Imperador, mas sim pelo rigor da energia espiritual que era emitida pelo corpo do Imperador Meiji. Dizia-se que a sua bondade se expandia como o raio de sol, brilhando em toda a parte. No final do Período Edo (Xogunato de Tokugawa), com os vários acontecimentos ocorridos dentro e fora do país, ele era como uma pedra que polia as virtudes, um extraordinário monarca, um modelo de pessoa de grande talento, bem-sucedido e cada vez mais aperfeiçoado à medida que amadurecia. O Imperador Meiji, dotado de grandes virtudes, não era um homem de muitas palavras, depositou esses sentimentos nos cem mil *waka* escritos por ele (poemas japoneses compostos de 31 sílabas). Cada um desses poemas é considerado algo muito magnífico para a história da literatura

> *"Cada ser humano tem seu lugar e sua missão;
> ninguém pode substituí-lo."*
> Johnny De' Carli

nos dias de hoje. Os poemas escritos pelo Imperador Meiji se tornaram populares no Japão, inclusive um poema escrito pelo Imperador se tornou uma famosa canção do pós-guerra Russo-Japonesa.

O *Sensei* Usui admirava, e muito, as virtudes do Imperador Meiji; era como a que o filho tem pelo pai; dentre os inúmeros poemas, selecionou 125, fazendo com que fosse o primeiro passo para a dedicação no caminho da educação e aperfeiçoamento do espírito. Posteriormente, isso foi mantido como uma boa tradição da *"Usui Reiki Ryoho Gakkai"*. Os Membros da Associação entoam os poemas do Imperador Meiji, para que todos os pensamentos ociosos e mundanos sejam afastados, a fim de se aperfeiçoarem espiritualmente.

O objetivo da *"Usui Reiki Ryoho Gakkai"* é proporcionar benefício para a mente e corpo de seus Membros. Não houve o interesse do *Sensei* Usui em manter a Associação "fechada", fala-se que o *Sensei* Usui aconselhou com rigor o estímulo para o crescimento e expansão da mesma. No geral, o tratamento de doenças parece ser o principal motivo do ingresso nesta Associação. Para eles, é claro que isso é importante, mas, o objetivo é tentar colocar um assunto principal, um foco para a melhoria mental e física indo até a origem do problema.

Dentre os *Shihans* (Mestres), os Membros que possuírem uma notável capacidade espiritual, com resultados excelentes nos tratamentos e que tenham feito várias contribuições para esta Associação, poderão ser eleitos para diferentes cargos diretivos.

Após o falecimento do *Sensei* Usui, o segundo Presidente foi o *Sensei* Juzaburo Ushida e o terceiro Presidente o *Sensei* Kanichi Taketomi.

O Reiki, na visão da *"Usui Reiki Ryoho Gakkai"*, é um tipo de terapia para a mente e para o indivíduo como um todo, a fim de prevenirmos as doenças e sempre mantermos a saúde da mente e do corpo. É considerada ser a melhor terapia da natureza.

"Aprendas bem e ensinarás sem medo."
Johnny De' Carli

Quem ingressa na Associação primeiramente receberá o *Shoden*, que significa transmissão inicial dos ensinamentos. Com entusiasmo na Terapia Reiki e com um aproveitamento notável, será iniciado e instruído no próximo nível, o *Okuden*. Após a conclusão no *Okuden*, é concedida a iniciação no *Shinpiden* (Mestrado), que significa transmissão dos mistérios e enigmas. Quando concluído, com a aprovação dos *Shihans*, são conferidos três diferentes títulos: *Shihankaku* (significa Professor); *Shihan* (significa Mestre) e *Daishihan* (significa Grande Mestre).

Os Associados da *"Usui Reiki Ryoho Gakkai"*, em geral, são pessoas que possuem a capacidade espiritual (iniciação), uma fé determinada, firme e uma alma segura. Pregam que é importante elevar a capacidade espiritual. Isso é ter em mente a saúde física, mental e espiritual. Os Membros buscam ajudar uma grande quantidade de pessoas doentes e elevar a fé (convicção) com relação à Terapia Reiki. Pregam que, por viverem numa civilização material que está se desenvolvendo rapidamente, é de uma felicidade suprema ter afinidade com a prática da Terapia Reiki. Cada vez mais, praticam o aperfeiçoamento espiritual, melhorando física e mentalmente e, como senhores da criação, tornam-se excelentes pessoas com capacidade espiritual, sem embaraço algum e adquirindo a capacidade de cura natural. Há um hábito comum adotado pelos Membros da Associação, de manhã, ao acordar, sentam em *Seiza* em cima do piso, juntam as mãos em prece, e entoam os Cinco Princípios do Reiki. Novamente, não importando se está de noite ou muito tarde e, mesmo estando cansados, sentam um pouco em *Seiza* em cima da coberta acolchoada e recitam novamente os Cinco Princípios como agradecimento pelo dia de hoje. Tornam isso um hábito, ficando com um sentimento de pesar caso não o façam. Manter esse hábito é um grande feito. É também missão

"Amplie seus horizontes; voe mais alto.
Veja mais do que pensa que há para ser visto."
Johnny De' Carli

dos Membros orarem pela prosperidade da Associação. Os Membros, com o aprendizado da Terapia Reiki, pretendem planejar, pesquisar e se esforçar para progredir e melhorar cada vez mais. Os Membros da Associação desenvolvem suas atividades em vários lugares, filiais, em vales e demais regiões e, cada vez mais, juntos acumulam o aperfeiçoamento espiritual e dedicam-se para a melhoria física e mental de si e dos outros. Os Reikianos mais antigos e experientes na Associação são conhecidos como Membros veteranos. Nem todos os Reikianos veteranos se mantiveram filiados à *"Usui Reiki Ryoho Gakkai"*, houve veteranos que saíram, tornando-se independentes e, em seguida, fizeram grandes atividades e ações.

Os Membros da Associação ficaram felizes com a difusão do Reiki pelo Mundo. Após o falecimento do *Sensei* Usui, buscaram somar os aprendizados diários para a melhoria física e mental de seus Membros e a dos outros, em todo o país e para todas as pessoas deste mundo. Desde então, há mais de 50 anos, continuaram a ajudar um número ilimitado de pessoas com enfermidades físicas e emocionais. Um grande número de Membros seguiu trabalhando nessa atividade e a espalhando por todo o Japão. Não quiseram apagar a chama desta terapia e esforçaram-se para deixar as "coisas boas" para as novas gerações, para as pessoas, para o mundo, tornando uma prática ilimitada para a melhoria física e mental de todos. Os Membros guardam respeito pelo *Sensei* Usui e a outros grandes Mestres como o segundo Presidente, *Sensei* Juzaburo Ushida, o terceiro Presidente, *Sensei* Kanichi Taketomi, e os demais Mestres e Membros competentes falecidos da nação japonesa. Pregam que, através do *Sensei* Usui, os Membros tiveram a oportunidade de abrir um tesouro da capacidade espiritual infinita.

> *"Os que foram na frente têm
> a obrigação de orientar os que vêm atrás."*
> Johnny De' Carli

Os Membros da *"Usui Reiki Ryoho Gakkai"* acreditam que o *Sensei* Usui siga trabalhando pelo Reiki num outro plano, acreditam que ele e os vários veteranos sempre nos acompanharão do mundo espiritual.

Para os Membros da *"Usui Reiki Ryoho Gakkai"*, há pessoas nas quais a energia Reiki se manifesta mais forte, são as pessoas que têm fé e que praticam a meditação *Gassho*. É um fato incontestável. O fortalecimento da Energia Reiki ocorre através do aperfeiçoamento espiritual. Pregam os Membros da Associação que quanto mais elevam o caráter, mais forte torna-se a energia Reiki. Para se tornar uma excelente pessoa em termos de capacidade espiritual, o caminho é de uma variedade infinita, havendo muitas opções; porém, na Associação, através dos poemas do Imperador Meiji, estimulam a purificação da alma/mente e buscam cumprir diariamente os Cinco Princípios.

É possível um Reikiano curar a si mesmo. Originalmente, a doença humana pode ser curada com a energia Reiki da própria pessoa, ou seja, com a capacidade de autocura, sem depender mais que o necessário da ajuda dos outros, de medicamentos e de médicos.

Há registros oficiais sobre a utilização do Reiki em doentes terminais. Em geral, entram num coma profundo e têm uma morte serena.

A Técnica Reiki não se restringe somente à aplicação de energia Reiki, seus praticantes procuram viver diariamente de acordo com os Cinco Princípios do Reiki. Dessa forma, não só melhoram e mantêm a saúde como também aumentam a paz, a prosperidade e a felicidade do lar, da sociedade, da nação e do mundo. Esse é o verdadeiro propósito da Terapia Reiki de Usui. Os Cincos Princípios são os ensinamentos do *Sensei* Usui, eles constam em destaque no *"Reiki Ryoho Hikkei"*, que é um Manual obrigatório de Terapia Reiki para os Membros da *"Usui Reiki Ryoho Gakkai"*. Esses Cinco Princípios são os melhores ensinamentos para a humanidade.

> *"Cultive o hábito da meditação e descobrirá tesouros escondidos."*
> Johnny De' Carli

Os Cinco Princípios do Reiki são apresentados na primeira página do *"Reiki Ryoho Hikkei"*. Aparecem da seguinte forma:

Método secreto para convidar à felicidade.
O remédio milagroso para todos os males.
Só por hoje:

- Não fique com raiva;
- Não se preocupe;
- Seja grato;
- Seja dedicado ao trabalho;
- Seja gentil com as pessoas.

De manhã e à noite, junte as palmas das mãos em prece, orando com o coração, e entoe.

Os Membros da Associação, ao cumprirem os Cinco Princípios, obtêm um avanço no aperfeiçoamento espiritual, tornando eficaz essa energia Reiki inata, congênita. Além disso, manifestam admiravelmente o seu efeito porque realizam as melhorias da mente e do corpo, as suas e as dos outros. Então, buscam continuar a elevar e melhorar a eles mesmos, acumulando treinamentos (experiências), tornando-se pessoas mais competentes, com maior capacidade espiritual a fim de serem capazes dessa realização, assemelhando-se aos Deuses.

"Abra-se para a fonte Divina que existe dentro de você. Somos instrumentos de Deus."
Johnny De' Carli

Capítulo 1

As Respostas da Usui Reiki Ryoho Gakkai

1.1 Antecedentes à descoberta do Reiki

Pergunta: Há relatos de curas anteriores ao Reiki?
Resposta: Sim, os Membros da *"Usui Reiki Ryoho Gakkai"* pregam que existem muitos casos relatados, nos quais sumos sacerdotes, Cristo e outros curaram doenças ao tocarem com as mãos o corpo do doente. Ou seja, através dessas pessoas de excelente personalidade foram irradiadas energias e, quanto mais forte essa irradiação, mais se percebeu o milagroso efeito de cura.

"A História é um quebra-cabeças no qual falta o maior número de peças."
JOHNNY DE' CARLI

Sensei Mikao Usui
15/08/1865 – 09/03/1926
(in: Aoki, Fuminori, Manual de Mestrado, 2011)

1.2 Mikao Usui – O descobridor do Reiki

Pergunta: Em que período viveu o *Sensei* Usui?

Resposta: O *Sensei* Mikao Usui nasceu no ano de 1865 e fez a sua transição no ano de 1926.

Pergunta: Antes de se tornar um Mestre de Reiki, como trabalhava o *Sensei* Usui?

Resposta: Ele trabalhou como oficial do governo, funcionário de empresa, jornalista, missionário, capelão e empresário, adquirindo muitas experiências na vida.

"A vida é o que você cria. Crie coisas boas, você é um criador."
JOHNNY DE' CARLI

Pergunta: Alguns livros se referem ao *Sensei* Usui como Doutor Usui; ele era médico?
Resposta: Não, mas conhecia muito bem a Medicina, fato que os médicos especialistas ficavam surpresos.
Pergunta: O *Sensei* Usui era contra o uso da Medicina convencional?
Resposta: Não, ele advertia duramente dizendo: *"Recentemente, as Ciências Médicas estão progredindo notavelmente, e de modo algum devemos ignorar os tratamentos médicos e os remédios. E, também, rejeitá-los seria uma imprudência sem limite."*
Pergunta: O *Sensei* Usui chegou a estudar fora do Japão?
Resposta: Sim, estudou na Europa e na América.
Pergunta: Como o *Sensei* Usui estudou na Europa, ele chegou a ter admiração por algum escritor estrangeiro em especial?
Resposta: Sim, ele gostava de citar ensinamentos de escritores estrangeiros, como, por exemplo, o professor e historiador escocês Thomas Carlyle.
Pergunta: O que o *Sensei* Usui citava de Thomas Carlyle?
Resposta: Repetia o seguinte pensamento de Thomas Carlyle: *"Os seres humanos que vivem sem saber o poder original do homem são patéticos. Somente aqueles que conhecem o seu verdadeiro poder vão prosperar forte, correta e belissimamente."* Disse também Thomas Carlyle que: *"Vocês desejam grande triunfo, grande fama. No entanto, se ficarem de braços cruzados, o que buscam jamais se aproximará. Simplesmente, não se esqueçam daquilo que traz a vitória final, concentrando toda a sinceridade, de todo o coração, para aquilo que realizarem, até mesmo para o que está trivialmente encoberto."*

> *"Um mestre é literalmente uma pessoa que sabe o que está fazendo."*
> JOHNNY DE' CARLI

Sensei Mikao Usui durante um de seus últimos seminários,
ministrado em Shizuoka, Japão, foto de 1925.
(*in Aoki, Fuminori, Reiki — A Cura Natural, p. 67*)

*"Mais importante que encontrar um bom mestre,
é seguir os seus bons ensinamentos."*
Johnny De' Carli

1.3 Monte Kurama: local da descoberta

Templo budista do Monte Kurama
(foto de Rita de Cássia Lima De' Carli, visita de 1998)

Pergunta: Como o *Sensei* Usui entrou no caminho da espiritualidade?
Resposta: O *Sensei* Usui, insatisfeito com a realidade da sociedade, começou a questionar *"qual o sentido da vida?"*, percebeu que *"o objetivo final da vida é obter a paz espiritual."* Nesse momento, ele obteve o primeiro grande entendimento. Desde então, ingressou numa seita *Zen* onde praticou por cerca de três anos. Sem conseguir a iluminação espiritual e, não sabendo o que fazer, foi consultar o seu Mestre. O Mestre, imediatamente, respondeu: *"morra uma vez."* O *Sensei* Usui, sem conseguir esse entendimento maior almejado, após seu Mestre ter-lhe dito *"morra"* (no sentido de "transformar-se numa nova pessoa"), e acreditando que tudo estava "perdido", imediatamente, foi para Kyoto, no Monte Kurama.

"Vá em frente. Mesmo que não enxergue o topo da montanha, continue subindo. O Caminho se faz caminhando."
JOHNNY DE' CARLI

1.4 Meditação de Mikao Usui

Pergunta: O que fez o *Sensei* Usui no Monte Kurama?
Resposta: Nessa montanha, isolado a 20 km da cidade, iniciou um jejum; na 3ª semana, por volta da meia-noite, sentiu um forte estímulo bem no meio do cérebro, como se tivesse sido atingido por um raio, e ficou inconsciente; recobrou a consciência quando estava amanhecendo; foi um despertar que ele nunca havia experimentado até então. De fato, foi uma sensação reconfortante tanto no físico como na alma. Provavelmente, nesse momento, ele captou na alma uma forte Energia do Universo.

Pergunta: Durante o retiro em jejum, o que compreendeu o *Sensei* Usui?
Resposta: O *Sensei* Usui, durante o retiro em jejum, teve a grande compreensão da verdade e, com isso, esse método de tratamento foi aberto ao público, para milhões de pessoas. Em qualquer geração, que está sempre mudando, foi ensinado de que a verdade é absolutamente imutável.

Pergunta: Em que mês e ano aconteceu esse jejum do *Sensei* Usui no Monte Kurama?
Resposta: Ocorreu em abril de 1922.

Pergunta: O que percebeu o *Sensei* Usui após a realização do jejum no Monte Kurama?
Resposta: O *Sensei* Usui, quando encerrou a prática do jejum, recebeu uma expandida percepção extrassensorial (inspiração Divina), na qual a Energia do Universo *(Rei)* combinou com a energia de dentro do corpo *(Ki)*. Percebeu que o Universo estava nele e ele estava no Universo, que o Macrocosmo e o corpo humano se interpenetram.

"Você encontra as respostas que precisa dentro de si."
JOHNNY DE' CARLI

1.5 Primeiro resultado do Reiki

Pergunta: Qual foi a primeira experiência do *Sensei* Usui com o Reiki?
Resposta: Durante a descida do Monte, tropeçou numa pedra, machucando o dedo do pé; colocou a mão e logo percebeu a força do tratamento.

1.6 Início da divulgação do Reiki pelo *Sensei* Usui

Pergunta: Qual foi o comportamento do *Sensei* Usui nos dias posteriores ao jejum?
Resposta: O *Sensei* Usui, sem desejo egoísta, com franqueza, sempre, onde quer que estivesse, imediatamente, mantinha-se abnegado, com espírito altruísta e resolveu repassar às pessoas esse conhecimento. Ele não conseguiu manter a posse exclusiva dessa alegria, criou os ensinamentos, ou seja, a doutrina da Terapia Reiki.

Pergunta: O que fez o *Sensei* Usui para repassar às pessoas esse conhecimento da Terapia Reiki?
Resposta: Fundou uma Associação, a *"Usui Reiki Ryoho Gakkai"*, em abril de 1922.

Pergunta: Onde ocorreu a primeira sintonização de Reiki realizada pelo *Sensei* Usui?
Resposta: O local onde se teve a primeira sintonização (iniciação) foi em Harajuku, em Shibuya, Tokyo.

> *"Compartilhando sempre o seu bom conhecimento, você acaba se imortalizando."*
> Johnny De' Carli

O *Sensei* Mikao Usui (sentado ao cento)
com os Membros da "*Usui Reiki Ryoho Gakkai*", fundada em 1922.
(*in: Toshitaka, M & Miyuki, K., Reiki, 2001, 136*)

"*É impossível ser um bom mestre,
sem antes ter sido um bom aprendiz.*"
JOHNNY DE' CARLI

Pergunta: Há registros de frases pronunciadas pelo próprio *Sensei* Usui, anotadas pelos seus discípulos?

Resposta: Sim, foi oficialmente registrado por seus discípulos, que o *Sensei* Usui disse:

> "Na Terapia Reiki, não precisa de teoria difícil. A verdade está contida em um lugar bem mais próximo de você."

> "Apenas, na Ciência atual, não há provas ainda de o fato de uma doença ser curada apenas colocando a mão. Mas, a verdade é que a doença é curada."

> "As pessoas diriam que isso é tolice; eu lamento por elas, por expressarem a sua própria ignorância."

> "Não há dúvida de que algum dia, com certeza, chegará um tempo que provaremos cientificamente esta Terapia Reiki. Pelo nível da inteligência humana atual, a comprovação por evidências aparece antes da explicação, sem exceção."

Pergunta: O *Sensei* Usui deixou mais ensinamentos?

Resposta: Sim, o *Sensei* Usui nos deixou inúmeros ensinamentos, em especial um ensinamento rigoroso que diz: "A lei da natureza do Grande Universo (Macrocosmo) estabelece que o nosso espírito (microcosmo) deva estar sempre em harmonia com ela, como um todo." Ou seja, é a razão de que Deus e o homem são um conjunto, uma coisa só (o Universo está em mim e eu estou no Universo).

Além disso, foi ensinado que, se você tem convicção de que essa é a sua verdade, dependendo da sua relação com a natureza, das suas palavras, ações e de seu treinamento (aperfeiçoamento), o eu e o Universo tornam-se um só – naturalmente absoluto – e pode ser expressa a ação infinita. Ou seja, esse é o estado natural do ser humano.

> "Torne-se um imortal, divida o seu conhecimento, compartilhe a sua sabedoria."
> JOHNNY DE' CARLI

Pergunta: Fazendo qual paralelo com o Reiki o *Sensei* Usui explicava a informação acima?

Resposta: O *Sensei* Usui disse que: *"Se você tentar aplicar isso ao Reiki, a grande natureza ensina que temos uma força valiosa de cura natural e que devemos usar quando for necessário. Quanto às pessoas que vivem sem saber utilizá-la, é algo lamentável."*

É citada a parábola do "Homem rico e seu filho pobre" encontrada dentro do Sutra do Lótus, a qual diz que a pessoa herdou um "tesouro" em que tinha uma enorme e infinita riqueza vinda dos pais, dos antepassados, da grande natureza; que foi adquirido com muito esforço, porém, ele só ficou olhando, pois não sabia como abrir e nem como usá-lo.

Pergunta: O que *Sensei* Usui falava sobre as doenças incuráveis?

Resposta: Dizia que: *"Na doença que não apresentar cura, mesmo com todo o esforço da Medicina, por favor, continue curando com o Reiki."* E falava com fé: *"Como não há uma doença que não seja curada com o Reiki, sempre tenha uma alma pura e, com incentivos, dedique-se ao tratamento."*

Pergunta: O que *Sensei* Usui falava sobre a utilização do Reiki em doentes terminais?

Resposta: Dizia que: *"Aqui só há uma situação em que não se consegue a cura, nem com o Reiki, nem com as orações do Xintoísmo e Budismo. Isso ocorre quando esgota o tempo de vida. Ou seja, a vida humana tem um limite, não havendo diferença se é adulto ou criança. Esta é a lei da natureza, refere-se individualmente a cada um; quanto a isso, não há nada a fazer. Mas, quando se descortina esse tempo de vida, devem-se realizar – ainda mais – todas as medidas necessárias e fazer o tratamento com bondade e seriedade até o final. Dessa forma, até mesmo as pessoas que sofrem muito com as doenças, sem dúvida terão uma morte serena, uma passagem tranquila. Empenhe-se em realizá-las."*

"Persistir é um dos grandes segredos do sucesso. Muitas coisas na vida dependem da positividade e da persistência."
JOHNNY DE' CARLI

1.7 Memorial a Mikao Usui

Pergunta: Onde está localizada a sepultura do *Sensei* Usui?
Resposta: O *Sensei* Usui está em sono eterno no cemitério do Templo Saihoji, localizado em Koenji, Tokyo.

Pergunta: Quais os cuidados que os Membros da *"Usui Reiki Ryoho Gakkai"* têm com a sepultura do *Sensei* Usui?
Resposta: Nunca deixar extintos os cuidados com a limpeza da sepultura e a colocação de incensos e de coroas de flores.

Templo Saihoji, localizado em Koenji, Tokyo, ao lado do cemitério
onde se encontra o memorial e a sepultura.
(foto de Rita de Cássia Lima De' Carli, visita de 1998)

> *"A morte é apenas o outro lado do nascimento.*
> *A pessoa morre aqui e nasce no além, e vice-versa.*
> *A morte é apenas uma porta, de um lado se entra, de outro se sai."*
> JOHNNY DE' CARLI

O *Sensei* Fuminori Aoki (prefaciador desse livro) e Johnny De' Carli, em Tokyo, durante visita ao túmulo do *Sensei* Usui, em 09 de janeiro de 2002.

"Ninguém pode segurar uma verdade quando é a hora dela."
Johnny De' Carli

Acima, a reprodução da mensagem talhada, em japonês antigo, na grande pedra que compõe o memorial ao *Sensei* Usui, localizado em Tokyo.

"O entusiasmo foi sempre a base de todas as grandes realizações."
JOHNNY DE' CARLI

1.8 Energia Reiki

Pergunta: Qual é o veículo que a Terapia Reiki utiliza?
Resposta: A Energia Vital Universal.

Pergunta: Onde a energia Reiki está presente?
Resposta: Falam os Membros da *"Usui Reiki Ryoho Gakkai"* que todas as coisas do Universo, tudo quanto existe no Céu e na terra possui a energia Reiki, sem exceção. Todas as coisas que existem no Universo têm vida porque possuem a energia Reiki. Isso quer dizer que se trata de uma existência real imaterial.

Pergunta: Por onde a energia Reiki é emitida pelo Reikiano?
Resposta: A energia Reiki é emitida pelo corpo todo, mas a emissão é mais forte pela boca, olhos e na palma da mão. Na mão, seria na segunda articulação do dedo médio, mas dependendo da pessoa, há também as que irradiam melhor pela palma da mão.

Pergunta: Qual é o maior benefício dessa energia?
Resposta: Essa energia propicia que levemos a vida em harmonia. Por meio da Energia Vital Universal, o ser humano pode aumentar a sua capacidade de autocura.

Pergunta: Como atua o Reiki?
Resposta: Atua sobre o subconsciente do ser humano, oferecendo um forte auxílio no processo natural de autocura, na capacidade que cada pessoa possui em seu próprio corpo de prevenir e tratar doenças.

Pergunta: O que percebe a pessoa que recebe a energia Reiki?
Resposta: Quando alguém recebe essa terapia, mesmo na primeira vez, surpreende-se com o excelente resultado.

"Tudo é feito energia, que se apresenta de diferentes formas, o Cosmo é energia."
JOHNNY DE' CARLI

Pergunta: A energia Reiki é explicada pelos Membros da *"Usui Reiki Ryoho Gakkai"*?
Resposta: Não, dizem que em cada país do mundo que possui a Ciência moderna desenvolvida, ainda não se chegou a uma explicação certa da energia Reiki em si, o que seria e que forma possui. Pregam que entre os estudiosos, também existem muitas pessoas que estão tentando descobrir e levando muito a sério a energia Reiki. Acreditam que uma vez que a Ciência moderna está passando por progressos verdadeiramente surpreendentes, pode-se dizer que está próximo o dia em que a existência da energia Reiki será explicada cientificamente. Somente aqueles que aprendem este método podem conhecer esta satisfação, esta alegria.

Pergunta: Após a transição do *Sensei* Usui, o Reiki foi cientificamente explicado?
Resposta: Não, mas com base nas pesquisas científicas, nos estudos moleculares, atômicos e eletrônicos, o Reiki começou a ser desvendado. No meio de estudiosos, cientistas, existem pessoas que se empenham no novo campo do estudo dessa energia não visível, não palpável, o éter.

Pergunta: O que dizem outras correntes sobre a energia Reiki?
Resposta: Desde o surgimento de todas as coisas que existem no Universo, a energia Reiki é uma força que nos foi concedida pela verdade da mãe natureza, no Budismo é a força da sabedoria extraordinária; no Cristianismo, o Deus da criação; na Ciência, a Energia Universal.

*"Sabe-se muito sobre o Reiki,
mas ainda muito pouco se entende e explica."*
Johnny De' Carli

Pergunta: Os Membros da *"Usui Reiki Ryoho Gakkai"* fazem algum paralelo entre a energia Reiki e o que é pregado em outros países ou mesmo no Japão?

Resposta: Sim, falam que em todos os países do mundo, a denominação da energia Reiki e o seu funcionamento têm a sua própria peculiaridade, mas, em geral, dizem ser uma capacidade de o corpo irradiar energia; citam:

a) Índia (Brahman/Yoga): *prana*;
b) Áustria (Mesmer): biomagnetismo;
c) Estados Unidos (Ghooms): eletricidade animal;
d) Japão (Tanaka Taireido): éter.

1.9 Reikiano

Pergunta: A Ciência admite a possibilidade de o ser humano irradiar essa energia?

Resposta: Sim, a Ciência afirma que o corpo humano possui essa capacidade de irradiar energia.

Pergunta: É possível perceber a energia irradiada pelo Reikiano?

Resposta: A energia Reiki, em geral, é difícil de ser vista; entretanto, na *"Usui Reiki Ryoho Gakkai"*, quando recebemos a orientação de usar o *Hatsurei-Ho*, sem dúvida, pode-se admiravelmente ver a energia Reiki saindo de cada pessoa. Provavelmente, é a capacidade de o corpo humano irradiar energia. Essa capacidade, ou seja, a energia Reiki, comum a todas as coisas que existem no Universo, refere-se à vida presente nas pessoas e nos seres vivos.

"Todo ser visível tem livre acesso a uma Força Universal invisível."
JOHNNY DE' CARLI

Pergunta: A energia Reiki funciona para todos?
Resposta: Sim, os Membros da *"Usui Reiki Ryoho Gakkai"* pregam que de todas as pessoas que receberam a sintonização na Associação, não houve uma sequer em que a energia Reiki não fluísse. Porém, apesar de a energia Reiki estar fluindo, se, com muita frequência, não se pratica os Cinco Princípios e não se determina quanto à melhoria da alma, repentinamente o Reiki enfraquece.

Todas as coisas do Universo têm alcançado a evolução ou a expansão da criação, através do grande poder espiritual que está abundante no grande Universo.

Os seres humanos são considerados como microcosmo porque recebem o grande Poder Espiritual desse Macrocosmo, e todos detêm uma parte dessa grande Energia Espiritual dentro do corpo. Portanto, é muito importante sempre ter em mente aperfeiçoar o próprio espírito e receber bastante a grande Energia Espiritual do Universo.

Pergunta: Existe alguma distinção com relação à idade ou ao gênero dos Reikianos ou algo que possa ser prejudicial?
Resposta: Não, a Terapia Reiki pode ser praticada por idosos, jovens, homens ou mulheres, sem distinção alguma, todos podem utilizá-la, não sendo prejudicial.

Sensei Kimiko Koyama (1906 - 1999), sexta Presidente da *"Usui Reiki Ryoho Gakkai."*
(foto do Reiki Master Richard R. Rivard)

"Cada pessoa é um terapeuta em potencial."
Johnny De' Carli

Pergunta: Qual é o segredo para um Reikiano progredir nessa arte?
Resposta: A autoconfiança é a chave importante para o progresso do Reiki.

Pergunta: Como os Reikianos desenvolvem a confiança?
Resposta: Recomenda-se, sempre que possível, colocar as mãos em doentes, realizando os tratamentos, de forma que se aumente a confiança pela experiência. Recomendam esvaziar-se, desconectar-se da teoria e acumular o aperfeiçoamento espiritual.

Pergunta: Como um Reikiano adquire experiência?
Resposta: Se possível, realizando o trabalho por si próprio, sem a necessidade de ajuda e sem depender de outros veteranos.

Pergunta: A simples presença de um Reikiano interfere de alguma forma nos ambientes?
Resposta: Sim, se num lar houver uma pessoa que saiba sobre a Terapia Reiki, a "sombra energética" causadora de doença é cortada, trazendo harmonia ao lar. Portanto, nunca é demais fortalecer o poder espiritual, fazendo com que as nossas casas tenham uma bela aparência e, se for possível, conseguir repelir essa "sombra energética", tendo, assim, cada vez mais prosperidade.

Pergunta: Existem Reikianos incrédulos?
Resposta: Certamente, no início do aprendizado muitos são geralmente incrédulos e, conforme vão vivenciando, a fé e a convicção tornam-se mais fortes. Pregam que, ser cético é algo não muito bom, não traz qualquer vantagem.

*"Onde existe o Reiki, existirá Luz.
A Luz é a ressonância do amor."*
JOHNNY DE' CARLI

1.10 Terapia Reiki

Pergunta: A Terapia Reiki está devidamente comprovada dentro da metodologia científica?
Resposta: Negativo, não está cientificamente provada.

Pergunta: Em caso de doenças, a Terapia Reiki substitui o consumo de medicamentos?
Resposta: Não, mas pode minimizar a medicação.

Pergunta: Num tratamento de Reiki, como se processa a cura de uma região enferma?
Resposta: Uma pessoa com capacidade espiritual (iniciada no Reiki), ao colocar suas mãos carregadas de energia Reiki sobre a parte doente, afetará a função da célula e ela será restaurada (deve-se imaginar que está carregando uma bateria).

Pergunta: Uma pessoa que se trata com a Terapia Reiki deve evitar um tratamento médico?

Resposta: De forma alguma, a Medicina moderna está passando por um rápido progresso e, no caso de encontrar-se doente, seria errado evitar o médico. O médico deve ser respeitado em meios científicos e empíricos. Isso foi mencionado na rígida instrução do *Sensei* Usui. Preferivelmente, após o diagnóstico apropriado e o tratamento médico, humildemente realizar a Terapia Reiki.
Quando a doença é leve, curamos com a energia Reiki; quando os pacientes são desenganados pelos médicos, fazemos o tratamento que não prejudique nem um pouco. Entretanto, quando um simples quadro agrava-se, imediatamente devemos solicitar o diagnóstico médico.

> *"No Reiki, trata-se a pessoa, e não a doença."*
> JOHNNY DE' CARLI

Recomenda-se escolher um médico de confiança, de alta personalidade e consultar esse profissional na fase inicial, nunca se deixa para última hora, pois poderá ser tarde demais.

Pergunta: Um tratamento de Reiki pode ser utilizado em complemento a um tratamento médico convencional?
Resposta: Sim, o médico ajuda no tratamento da doença, utilizando medicamentos para ativar o metabolismo e, em caso de cirurgia, após a mesma, usa antisséptico e outros, aguardando a atuação do metabolismo. A Terapia Reiki utiliza a capacidade de cura natural para o tratamento de doença e, nesse propósito, há uma sincronia, pois eles combinam. Portanto, é possível a atenção simultânea, tanto a médica quanto a da Terapia Reiki.

Pergunta: É possível com a Terapia Reiki curar doenças que a Medicina convencional não consegue curar?
Resposta: Sim, é uma grande satisfação ver as pessoas, cujos médicos desistiram de ter esperanças, tornarem-se felizes novamente com a cura. Se você tiver tempo livre, por favor, ajude-as cada vez mais.

Pergunta: Há risco de contaminação, ao se tratar doenças contagiosas?
Resposta: Sim, mas a pessoa com capacidade espiritual não será infectada por uma doença contagiosa. Ela tem o poder espiritual que cura também em epidemias (nesse caso, o terapeuta não pode ter medo; isso é proibido).

"Reiki é amor, e onde existe amor existem sempre milagres."
Johnny De' Carli

1.11 Reiki em animais e plantas

Pergunta: A Terapia Reiki é destinada exclusivamente às pessoas?
Resposta: Não, a Terapia Reiki é eficaz em todas as coisas que existem no Universo, não se limitando somente ao ser humano; tem o seu efeito em cavalos, cães, gatos, peixinhos, pássaros, árvores, sementes e similares. Ouviu-se com atenção os incontáveis casos dos Membros, e foi demonstrada a grandeza dos resultados da energia Reiki não só nos humanos, como para todas as coisas que existem no Universo.

Pergunta: Como se aplica Reiki num peixinho enfermo dentro de um aquário?
Resposta: Por exemplo, para um peixinho que esteja morrendo, aplica-se a energia Reiki do lado de fora do aquário ou se coloca a mão dentro do mesmo, segurando-o levemente. Após esse feito, observou-se um peixinho dourado nadar com vigor.

Pergunta: Como se aplica Reiki em pássaros?
Resposta: Por exemplo, para um filhote de ave que esteja quase morrendo, coloque-o na palma da mão e aplique a energia Reiki serenamente. A partir do dia seguinte, ele estará com energia, andando ao redor. Para o tratamento de pássaros, aplica-se em cima da gaiola ou segure-o apertando levemente. Após esse feito, observou-se ele começar a cantar com energia (experiência feita num pardal de Java domesticado).

Pergunta: Pode-se aplicar a energia Reiki em ovos?
Resposta: Sim, por exemplo, quando se aplica a energia Reiki em ovos de bicho-da-seda, observou-se que estes nascem resistentes (com boa saúde), fazendo casulos de excelente qualidade (experiência do Mestre Tsumura, situado no Vale de Naguri).

> *"Esteja receptivo para aprender a amar com os animais."*
> Johnny De' Carli

Pergunta: O que se observou após aplicação da energia Reiki em sementes?
Resposta: Ao se aplicar a energia Reiki no arroz ainda com casca, observou-se uma colheita de boa qualidade (experiência em Omama, Gunma).

1.12 Processo de sintonização

Pergunta: Como os Membros da *"Usui Reiki Ryoho Gakkai"* aperfeiçoam o próprio espírito e recebem a grande Energia Espiritual do Universo?
Resposta: Começam por receber uma sintonização.

O *Sensei* Toshihiro Eguchi, realizando uma sintonização no Reiki.
Toshihiro Eguchi foi um dos mais dedicados discípulos do *Sensei* Mikao Usui.
(in: HIROSHI, D., Manual de Mestrado, 2002)

Pergunta: O Reiki funciona desde o momento da primeira sintonização?
Resposta: Sim, a Terapia Reiki, até mesmo nas pessoas que recebem a sintonização pela primeira vez, já pode fluir muito forte no início. Mas, o importante é que, na realidade, devemos praticar bastante e adquirir nossas próprias experiências.

"Se algo é incontestavelmente certo, faça-o."
Johnny De' Carli

Pergunta: Há algum preparativo anterior a um ritual de sintonização no Reiki na *"Usui Reiki Ryoho Gakkai"*?
Resposta: Sim, há um preparativo prévio.

Pergunta: Como é feito o preparativo prévio para o ritual de sintonização no Reiki?
Resposta:
a) Entoam-se os poemas do Imperador Meiji, visando a afastar todos os pensamentos ociosos um momento antes dos preparativos da sintonização;
b) Senta-se em *Seiza*, juntando os dedões dos pés. Nos homens, joelhos abertos a 45º e nas mulheres, ajusta-se deixando um pouco aberto. Além disso, manter as costas e o pescoço eretos numa posição correta. Fecham-se levemente os olhos e se concentra no *Tanden* (uma região que fica a 5 cm ou 3 dedos abaixo do umbigo). Nessa hora, relaxa-se todo o corpo, pois é importante manter o mais natural possível, não podendo ficar todo duro e tenso. Manter levemente o maxilar inferior, sem ajustar com força. Adota-se uma postura na qual se tira a força dos ombros de modo bem natural (contrai-se o períneo). As pessoas que não podem sentar dessa maneira, manter somente a postura correta, podendo ser com as pernas cruzadas *(Agura)*, ou podem sentar-se em cadeiras;
c) Faz-se o *Kenyoku* (banho a seco). O sentimento de banhar-se é uma forma de representar a limpeza da mente, a purificação do coração, do corpo, das mãos, sendo uma atividade a ser feita antes da meditação. Primeiro, coloca-se a palma da mão direita sobre o ombro esquerdo, alinhar na gola, e escorregar a mão de cima para baixo para o lado direito. Em seguida, com a palma da mão esquerda sobre o ombro direito, escorregar a mão no sentido do

"Confie em seus dons. Confie em suas habilidades, elas foram dadas a você para serem usadas."
Johnny De' Carli

ombro direito para frente do corpo, embaixo da axila. Repetir o mesmo procedimento com a mão direita sobre o ombro esquerdo. Logo após, esfrega-se (como se estive puxando) com a palma da mão direita a palma da mão esquerda, com a palma da mão esquerda a palma da mão direita e, por fim, com a palma da mão direita novamente esfregar a palma da mão esquerda;

d) *Joshin-Kokyuu-Ho* (respiração para purificar a mente): Quando se encerra o *Kenyoku*, em seguida realiza-se o *Joshin-Kokyuu-Ho*. Com ambas as mãos, colocando sobre os joelhos, cada mão apertando levemente e formando um círculo. Acalma-se a mente na região no *Tanden*, respirando silenciosamente.

Quando isso progride, a respiração torna-se tranquila que você nem percebe que está respirando e acaba sentindo como se estivesse respirando pelos poros.

Tem uma sensação de conforto e o corpo fica mais leve, como se estivesse flutuando no ar. Após respirar 2, 3 vezes, juntar as mãos em prece;

e) *Gassho* (palmas das mãos em prece): Colocam-se as mãos levemente juntas em frente do peito, sem colocar força.

f) Meditação ou concentração mental: Na postura de *Seiza* e *Gassho*, direcionando a mente no *Tanden*, faz-se a meditação. A meditação é recomendada para afastar os pensamentos ociosos e atingir um estado de desprendimento, mas, para isso, pode levar cerca de 2 semanas, se for rápido. Quanto mais você tenta afastar os pensamentos ociosos, mais eles voltam a apresentar-se. Se ficar no sentimento de "não me importo, tanto faz isso", mostra-se mais capaz de meditar ou concentrar-se mais depressa.

No início, é eficaz contar de 1 a 10 mentalmente, entoar os poemas e evitar os pensamentos ociosos.

"A experiência é o caminho mais seguro para se aprender algo."
Johnny De' Carli

Quando aparece um pensamento, surge outro pensamento relacionado com esse, e vem um atrás do outro. Isso é uma prova de que não se concentrou. Dispersando o pensamento ocioso, a pressão do sangue na cabeça começa a baixar, a mente e o corpo ficam reconfortantes, e o corpo fica leve. Fecham-se levemente os olhos. No início pode parecer sombrio, mas cada vez que se avança, fica claro.

g) Nessa situação, o Mestre faz a sintonização.

Pergunta: O que ocorre imediatamente após uma sintonização no Reiki?
Resposta: Quando finalizada a sintonização, entoam-se 3 vezes os Cinco Princípios. Na primeira vez, o Mestre orienta. Na segunda vez, todos entoam em uníssono. Na terceira vez, entoam em uníssono, tendo a intenção de que se cumprirão com excelência os Cinco Princípios e, uma vez terminado, ora-se para a saúde e a felicidade nossa e a dos outros, para a paz da humanidade, e para os Deuses/Buda/Cristo nos quais nós habitualmente cremos.

Sensei Toshihiro Eguchi, discípulo direto do *Sensei* Mikao Usui, realizando uma sintonização no Reiki.
(*in*: HIROSHI, D., *Manual de Mestrado*, 2002)

"*Quando iniciar uma tarefa importante, termine-a.*"
JOHNNY DE' CARLI

1.13 Imperador Meiji

Pergunta: Quem foi Meiji?
Resposta: Meiji foi o Imperador de nº 122 do Japão.

Pergunta: Por que o Imperador Meiji se destacou?
Resposta: Dentre as gerações sucessivas de Imperadores, era o que possuía uma capacidade espiritual muito superior.

Pergunta: Como era percebida essa "capacidade espiritual" muito superior do Imperador Meiji?
Resposta: Naquele tempo, havia muitos veteranos, conselheiros e verdadeiras personalidades que vivenciaram muitas dificuldades e que, quando ficavam perante o Imperador, suavam muito, mesmo estando no meio do inverno. Isso não ocorria por causa das funções que cada um exercia, com suas distintas obrigações com relação ao Imperador, mas sim pelo rigor da energia espiritual que era emitida pelo corpo do Imperador Meiji.

Pergunta: Como era o comportamento do Imperador Meiji do Japão?
Resposta: Dizia-se que a sua bondade se expandia como o raio de sol, brilhando em toda a parte. A sensação era como se fosse um vasto oceano e a sua vontade era como a mãe natureza, com muita benevolência; mantinha, também, uma fé inabalável.
No final do Período Edo (Xogunato de Tokugawa), com os vários acontecimentos ocorridos dentro e fora do país, ele era como uma pedra de toque que polia as virtudes, um extraordinário monarca, um modelo de pessoa de grande talento, bem-sucedido e cada vez mais aperfeiçoado à medida que amadurecia.

"Os grandes líderes projetam-se mais através do exemplo do que através do poder."
JOHNNY DE' CARLI

Pergunta: O Imperador Meiji chegou a ser reconhecido internacionalmente?

Resposta: Sim, naquela época, o Presidente dos Estados Unidos, Roosevelt, visitou o Japão; ele elogiou profundamente a personalidade do Imperador Meiji. Após o encontro com o Imperador, disse o seguinte: *"A grande personalidade do Grande Imperador Meiji abrange todas as eras e países, e não haveria ninguém a quem compará-lo na história. O Imperador Meiji é grandioso. Os japoneses são felizes. Simplesmente, só de receber o Imperador Meiji, é aberto o caminho para a criação. É impossível imitá-lo."*

Pergunta: O Imperador Meiji foi considerado também um Terapeuta Reiki?

Resposta: Os Membros da *"Usui Reiki Ryoho Gakkai"* contam que o Doutor em Teologia do Reino Unido, John Batchelor, foi até o Japão com o objetivo de realizar um trabalho missionário em Hakodate, Hokkaido em 1893. Fundou a escola Airin, o jardim de infância e a escola de proteção ou abrigo de Ainu, escreveu histórias do passado e do presente do povo dessa região (Ezo) e, além disso, era um homem benevolente. Tem sido relatado que se dedicou ao povo de Ainu por quase 17 anos, até o ano de 1909, em Hokkaido. Por acaso, quando o Imperador Meiji fez uma visita em Hokkaido, o mesmo ouviu as realizações do Doutor e concedeu-lhe uma condecoração pelos seus atos. No ano seguinte, John Batchelor foi convidado para o encontro na festa das flores de cerejeiras. Muito satisfeito, compareceu ao mesmo e o resultado do aperto de mão do Imperador foi como uma indução de uma poderosa energia Reiki, o que o deixara muito surpreso. Originalmente, o Doutor possuía uma personalidade elevada, porém o Imperador Meiji era dotado de uma personalidade

"Reconhece-se a qualidade de um bom líder na forma como trata os seus liderados."
JOHNNY DE' CARLI

muito superior e, só pelo fato de terem apertado as mãos, o Dr. Batchelor teria recebido uma forma de sintonização do Imperador. Em seguida, ouviu-se dizer que John Batchelor tornou-se uma pessoa de capacidade espiritual respeitável e, apesar de ele não saber o motivo, realizou curas através da imposição das mãos naquele povo e nas demais pessoas que estavam doentes.

Imperador Meiji.
(03/11/1852 – 30/07/1912)
(*foto retirada da Wikipédia*)

1.14 Poemas do Imperador Meiji

Pergunta: Como nasceram e quantos foram os poemas escritos pelo Imperador Meiji?
Resposta: O Imperador Meiji, dotado de grandes virtudes, não era um homem de muitas palavras. Depositou esses sentimentos nos cem mil *Waka* (poemas japoneses compostos de 31 sílabas) escritos por ele.

> "O verdadeiro poema consiste
> em melhorar o bem-estar da humanidade."
> Johnny De' Carli

Pergunta: Os poemas escritos pelo Imperador Meiji tiveram reconhecimento no Japão?

Resposta: Sim, cada um desses poemas é considerado algo muito magnífico para a história da literatura nos dias de hoje.

Pergunta: Os poemas escritos pelo Imperador Meiji se tornaram populares no Japão?

Resposta: Sim, inclusive um poema escrito pelo Imperador se tornou uma famosa canção do pós-guerra Russo-Japonesa:

> *"Yomo no umi, mina harakarato omou yoni*
> *nado namikaze no tachisawaguran."*

Obs.: A tradução seria: *"Nos quatro lados do oceano, neste mundo em que todos são compatriotas (irmãos), os ventos e as ondas se agitam."*

Pergunta: Como os poemas do Imperador Meiji chegaram ao Reiki?

Resposta: O fundador da *"Usui Reiki Ryoho Gakkai"*, o *Sensei* Usui, admirava e muito as virtudes do Imperador Meiji; era como a que o filho tem pelo pai; dentre os inúmeros poemas, selecionou 125, fazendo com que fosse o primeiro passo para a dedicação no caminho da educação e aperfeiçoamento do espírito. Posteriormente, isso foi mantido como uma boa tradição da Associação.

Pergunta: Como os Membros da *"Usui Reiki Ryoho Gakkai"* utilizam os poemas do Imperador Meiji?

Resposta: Eles entoam os poemas do Imperador Meiji, para que todos os pensamentos ociosos e mundanos sejam afastados, a fim de se aperfeiçoarem espiritualmente.

"Cada um dos 125 poemas do Reiki é um mistério, que deve ser decifrado pelo Reikiano e incorporado em seu coração."
JOHNNY DE' CARLI

1.15 Reiki Ryoho no Shiori

Perguntas: Após a II Guerra Mundial, o Reiki continuou existindo no Japão?
Resposta: Sim, a Associação fundada pelo *Sensei* Usui, pouco antes de sua transição, a *"Usui Reiki Ryoho Gakkai"* se manteve ativa e desenvolveu um Manual para seus Membros, denominado de *"Reiki Ryoho No Shiori."*

Pergunta: Quando foi publicado o Manual *"Reiki Ryoho No Shiori"*?
Resposta: O Manual foi publicado em setembro de 1974.

Pergunta: Quem escreveu o *"Reiki Ryoho No Shiori"*?
Resposta: O Manual foi escrito por Koshiro Fukuoka, Membro pertencente à Sede, na gestão do Presidente da *"Usui Reiki Ryoho Gakkai"* daquela época, o *Sensei* Hoichi Wanami.

Sensei Hoichi Wanami (1883-1975),
quinto Presidente da *"Usui Reiki Ryoho Gakkai."*
(*autor desconhecido*)

"É bem mais difícil começar de novo se você para completamente. Então, continue em frente."
Johnny De' Carli

Pergunta: Como foi desenvolvido o *"Reiki Ryoho No Shiori"*?
Resposta: Este Manual foi baseado nas obras, na instrução oral e nos relatos sobre as experiências vividas de cada Mestre desta Associação.

Pergunta: O *"Reiki Ryoho No Shiori"* destina-se a quem?
Resposta: Destina-se aos novos Reikianos para que compreendam bem o que é a Terapia Reiki. O Manual é de porte obrigatório, todos os Membros o possuem.

Pergunta: No Manual *"Reiki Ryoho No Shiori"* há explicações sobre como tratar diferentes problemas de saúde?
Resposta: Sim, há um resumo dos "pontos" indicados para aplicação de Reiki. Nele estão escritos detalhadamente os procedimentos, sugere-se segui-los para realizar os tratamentos. Quanto às omissões, recomenda-se ouvir os Mestres e pessoas habilidosas e qualificadas.

1.16 Usui Reiki Ryoho Gakkai

Pergunta: Quem criou a Associação *"Usui Reiki Ryoho Gakkai"*?
Resposta: Seu fundador foi o *Sensei* Mikao Usui.

Pergunta: Qual era objetivo da *"Usui Reiki Ryoho Gakkai"*?
Resposta: Proporcionar benefício para a mente e corpo de seus Membros.

Pergunta: Houve o interesse do *Sensei* Usui em manter a *"Usui Reiki Ryoho Gakkai"* fechada?
Resposta: Não, fala-se que o *Sensei* Usui aconselhou com rigor o estímulo para o crescimento e expansão da Associação.

> *"Procure trabalhar para o bem do próximo, você só tem a ganhar."*
> Johnny De' Carli

Pergunta: O que motiva o ingresso de novos Membros na *"Usui Reiki Ryoho Gakkai"*?

Resposta: No geral, o tratamento de doenças parece ser o principal motivo do ingresso nesta Associação. Para eles, é claro que isso é importante! Mas na *"Usui Reiki Ryoho Gakkai"*, o objetivo é tentar colocar um assunto principal, um foco para a melhoria mental e física indo até a origem do problema.

Pergunta: Quem administra a *"Usui Reiki Ryoho Gakkai"*?

Resposta: Dentre os *Shihans*[1], os Membros que possuírem uma notável capacidade espiritual, com resultados excelentes nos tratamentos e que tenham feito várias contribuições para esta Associação, poderão ser eleitos para diferentes cargos diretivos.

Pergunta: Quais são os cargos diretivos?

Resposta: São 21 os cargos diretivos. Administram a *"Usui Reiki Ryoho Gakkai"* um Presidente, cinco Diretores, quatorze Membros do Conselho e um Secretário (assuntos gerais/contabilidade).

Pergunta: Como são organizados os Membros da *"Usui Reiki Ryoho Gakkai"*?

Resposta: A Associação possui a seguinte estrutura:
- Categoria 6: iniciantes (novos Membros);
- Categorias 5 e 4: essas categorias são concedidas com base no grau de aprendizado de cada pessoa e mediante a aprovação do *Shihan*;
- Categoria 3: após a aprovação do *Shihan*, é feita a iniciação no *Okuden*, que significa transmissão secreta. (O *Okuden* é concedido, com base no grau de aprendizado que cada pessoa adquire,

---

1. *Shihan* significa Mestre, Professor, Instrutor.

"A corrente torna-se mais forte quanto mais fortes são os elos."
Johnny De' Carli

e é dividido em 2 fases. Após a conclusão, será concedida a iniciação no *Shinpiden*[2]);
- Categoria 2: não se aplica aos associados. Apenas aplica-se ao fundador, o *Sensei* Usui;
- Categoria 1: lugar vago (vacância).

Quando essas iniciações da Categoria 3 são concluídas, com a aprovação dos *Shihans*, são conferidos os seguintes títulos:
- *Shihankaku* (Professor);
- *Shihan* (Mestre);
- *Daishihan* (Grande Mestre).

Pergunta: Quem presidiu a *"Usui Reiki Ryoho Gakkai"* após o falecimento do *Sensei* Usui?
Resposta: O segundo Presidente foi o *Sensei* Juzaburo Ushida e o terceiro Presidente o *Sensei* Kanichi Taketomi.

Sensei Juzaburo Ushida (à esquerda) e *Sensei* Kanichi Taketomi (à direita), segundo e terceiro Presidente da *"Usui Reiki Ryoho Gakkai."*
(*in: Toshitaka, M & Miyuki, K., Reiki, 2001, 142*)

---

2. *Shinpiden* significa transmissão dos mistérios, enigmas.

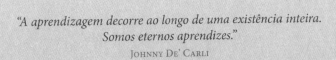

"A aprendizagem decorre ao longo de uma existência inteira. Somos eternos aprendizes."
JOHNNY DE' CARLI

1.17 Reiki na Usui Reiki Ryoho Gakkai

Pergunta: O Reiki, na visão da *"Usui Reiki Ryoho Gakkai"*, é também um método de cura?

Resposta: Sim, é também um método de cura; é um tipo de terapia para a mente e para o indivíduo como um todo, a fim de prevenirmos as doenças e sempre mantermos a saúde da mente e do corpo. É considerada ser a melhor terapia da natureza.

Pergunta: O que ocorre a quem ingressa na *"Usui Reiki Ryoho Gakkai"*?

Resposta: Primeiramente a pessoa receberá o *Shoden*, que significa transmissão inicial dos ensinamentos. Com entusiasmo na Terapia Reiki e com um aproveitamento notável, será iniciada e instruída no próximo nível, o *Okuden*.

Pergunta: Procede a informação que o *Okuden* (Nível 2 do Reiki) seja subdividido na *"Usui Reiki Ryoho Gakkai"*?

Resposta: Sim, o *Okuden* é dividido em 2 Fases.

Pergunta: Na Associação, o que se aprende na 1ª Fase do *Okuden*?

Resposta: A 1ª Fase do *Okuden* consiste nas técnicas:

- *Hatsurei-Ho* (técnica para emitir a energia);
- *Uchite Chiryo-Ho* (técnica para tratamento à base de batidas com a mão);
- *Nadete Chiryo-Ho* (técnica para tratamento à base de carícias, alisar a região enferma);
- *Oshite Chiryo-Ho* (técnica para tratamento à base de pressão com a mão);
- *Seiheki Chiryo-Ho*.

"A saúde do corpo é a maior riqueza que o ser humano pode dispor."
Johnny De' Carli

Pergunta: Para o que serve a Técnica *Seiheki Chiryo*?
Resposta: A Técnica *Seiheki Chiryo* serve para o tratamento de hábitos, inclinações e propensões.

Pergunta: Na prática, a Técnica *Seiheki Chiryo* é utilizada para o tratamento em quais situações?
Resposta: Observaram-se bons resultados nas seguintes situações:
a) Enjoo em veículos como trem, navio a vapor e outros;
b) Vício da bebida e fumo;
c) O gostar e o não gostar de comidas (preferência alimentar);
d) Cleptomania;
e) Quem odeia matemática, começa a gostar;
f) Quem dorme demais pela manhã, começa a levantar mais cedo;
g) Quem odeia estudar, começa a gostar.

Pergunta: Como é feita a aplicação da Técnica *Seiheki Chiryo*?
Resposta: Na aplicação dessa técnica, toca-se na parte de trás abaixo do topo da cabeça, na parte plana e aplica-se de 15 a 30 minutos, deve-se fazer o *Nentatsu*.

Pergunta: Os resultados com a Técnica *Seiheki Chiryo* são demorados?
Resposta: Sim, exige paciência, mas consegue-se corrigir.

Pergunta: E o que se aprende na 2ª Fase do *Okuden*?
Resposta: A 2ª Fase do *Okuden* consiste na Técnica *Enkaku Chiryo* (técnica para tratamento à distância).

Pergunta: Na *"Usui Reiki Ryoho Gakkai"*, há outra iniciação além da realizada no *Okuden*?
Resposta: Sim, após a conclusão no *Okuden*, é concedida a iniciação no *Shinpiden*, que significa transmissão dos mistérios e enigmas.

"Procure ser uma pessoa em busca do aperfeiçoamento diário."
Johnny De' Carli

Pergunta: Qual é o título conferido a quem recebe a iniciação no *Shinpiden* na *"Usui Reiki Ryoho Gakkai"*?

Resposta: Conforme já dito, quando concluído, com a aprovação dos *Shihans*, são conferidos três diferentes títulos: *Shihankaku* (significa Professor); *Shihan* (significa Mestre) e *Daishihan* (significa Grande Mestre).

Sensei Mikao Usui, considerado o primeiro *Daishihan* do Reiki.

*"Não permita que o que você é
interfira no que você poderá vir a ser."*
JOHNNY DE' CARLI

1.18 Membros da Usui Reiki Ryoho Gakkai

Pergunta: Qual é o perfil dos Membros da *"Usui Reiki Ryoho Gakkai"*?
Resposta: Os Associados, em geral, são pessoas que possuem a capacidade espiritual, uma fé determinada, firme e uma alma segura. Pregam que é importante elevar a capacidade espiritual. Isso é ter em mente a saúde física, mental e espiritual. Os Membros buscam ajudar uma grande quantidade de pessoas doentes e elevar a fé (convicção) com relação à Terapia Reiki.

Pergunta: Qual é a importância do Reiki para os novos iniciados?
Resposta: Pregam que, por viverem numa civilização material que está se desenvolvendo rapidamente, pensam ser de uma felicidade suprema ter afinidade com a prática da Terapia Reiki. Cada vez mais, praticam o aperfeiçoamento espiritual, melhorando física e mentalmente e, como senhores da criação, tornam-se excelentes pessoas com capacidade espiritual, sem embaraço algum e adquirindo a capacidade de cura natural.

Pergunta: Há algum hábito comum adotado pelos Membros da *"Usui Reiki Ryoho Gakkai"*?
Resposta: Sim, de manhã, ao acordar, sentam em *Seiza* em cima do piso, juntam as mãos em prece, e entoam os Cinco Princípios. Novamente, não importando se está de noite ou muito tarde e, mesmo estando cansados, sentam um pouco em *Seiza* em cima da coberta acolchoada e recitam os Cinco Princípios como agradecimento pelo dia de hoje. Tornam isso um hábito, ficando com um sentimento de pesar caso não o façam. Manter esse hábito é um grande feito. É também missão dos Membros orarem pela prosperidade desta Associação.

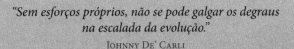

"Sem esforços próprios, não se pode galgar os degraus na escalada da evolução."
Johnny De' Carli

Pergunta: O que pretendem os Membros, com o aprendizado da Terapia Reiki?
Resposta: Com o aprendizado da Terapia Reiki, pretendem planejar, pesquisar e se esforçar para progredir e melhorar cada vez mais.

Pergunta: Onde os Membros da *"Usui Reiki Ryoho Gakkai"* desenvolvem suas atividades?
Resposta: As pessoas são postas em atividades em vários lugares, filiais, em vales e demais regiões e, cada vez mais, juntas acumulam o aperfeiçoamento espiritual e dedicam-se para a melhoria física e mental de si e dos outros.

Pergunta: Todos os relatos de experiências de cura foram ou são registrados pela *"Usui Reiki Ryoho Gakkai"*?
Resposta: Não, apesar de não conseguirem escrever os ilimitados casos, a firme crença do *Sensei* Usui foi demonstrada através de Membros de vários lugares.

Pergunta: Como são conhecidos os Reikianos mais antigos e experientes na *"Usui Reiki Ryoho Gakkai"*?
Resposta: Membros veteranos.

Pergunta: Todos os Membros veteranos se mantiveram filiados a *"Usui Reiki Ryoho Gakkai"*?
Resposta: Não, houve veteranos que saíram, tornando-se independentes e, em seguida, fizeram grandes atividades e ações.

"O Reikiano experiente conserva tudo registrado."
Johnny De' Carli

Sensei Chujiro Hayashi, um veterano que se desfilou da *"Usui Reiki Ryoho Gakkai"*, tornando-se independente, em seguida, fundou e presidiu a sua própria organização, a *"Hayashi Reiki Kenkyu Kai."*

Pergunta: Os primeiros Membros da *"Usui Reiki Ryoho Gakkai"* acreditavam que o Reiki iria se difundir tanto?

Resposta: Sim, falavam que, neste mundo, cada vez mais complicado e confuso, um tanto louco, as doenças inexplicáveis, de causas desconhecidas, aumentam. Será que o moderno sistema de saúde, a Medicina atual, está tratando o homem como objeto, como em uma competição, em que em um lado há o aparecimento de uma doença desconhecida e em outro o lançamento de novos medicamentos?

Ainda mais nesta época, é extremamente necessário aos Membros desta Associação praticarem e elevarem o aperfeiçoamento espiritual, dia e noite, para a melhoria física e mental deles e dos outros.

Se todos os associados aumentarem os resultados da compreensão, assim como a percepção e a determinação em tratamento médico gratuito, com relação à Terapia Reiki, acredito que naturalmente essa "coisa boa", "boa terapia" vai Espalhar-se Infinitamente (o grifo é nosso).

"Desde que não prejudique ninguém, vá para aonde você quer ir."
Johnny De' Carli

Pergunta: Os Membros da *"Usui Reiki Ryoho Gakkai"* ficaram felizes com a difusão do Reiki pelo Mundo?
Resposta: Sim, falam que: *"A nossa Terapia Reiki está ativa em vários lugares no mundo. Isso é bom!"*

Sensei Chujiro Hayashi com a Sra. Hawayo Takata, responsável pela introdução do método Reiki no Ocidente.
(*in:* Aoki, F., *Healing The Reiki*, 1999, 167)

Pergunta: Havia interesses ambiciosos entre os Membros da *"Usui Reiki Ryoho Gakkai"*?
Resposta: Não, esta terapia que lhes foi deixada, de uma maneira geral, é despojada e está de acordo com a verdade da mãe natureza.

Pergunta: O que fizeram os Membros da *"Usui Reiki Ryoho Gakkai"*, após o falecimento do *Sensei* Usui?
Resposta: Buscaram somar os aprendizados diários para a melhoria física e mental de seus Membros e a dos outros, em todo o país e para

"Se você tem conhecimento e sabedoria, permita aos outros que deles se beneficiem. Reter é perecer."
JOHNNY DE' CARLI

todas as pessoas deste mundo. Desde então, há mais de 50 anos, continuaram a ajudar um número ilimitado de pessoas com enfermidades físicas e emocionais. Um grande número de Membros seguiu trabalhando nessa atividade e a espalhando por todo o Japão. Não quiseram apagar a chama desta terapia e esforçaram-se para deixar as "coisas boas" para as novas gerações, para as pessoas, para o mundo, tornando uma prática ilimitada para a melhoria física e mental de todos. Os Membros da *"Usui Reiki Ryoho Gakkai"* guardam respeito pelo *Sensei* Usui e a outros grandes Mestres como o segundo Presidente, *Sensei* Juzaburo Ushida, o terceiro Presidente, *Sensei* Kanichi Taketomi, e os demais Mestres e Membros competentes falecidos desta nação.

Pergunta: Como os Membros da *"Usui Reiki Ryoho Gakkai"* decidiram utilizar o conhecimento do Reiki?
Resposta: Pregam que, através do *Sensei* Usui, os Membros tiveram a oportunidade de abrir um tesouro da capacidade espiritual infinita e, enquanto estivessem vivos, decidiram utilizar esse recurso para a saúde de seus Membros (mente e corpo) e para ajudar muito as pessoas e o mundo. O propósito inicial da Associação é melhorar a saúde da mente e do corpo. Portanto, é para os Membros aumentarem os resultados desse benefício.

Pergunta: Os Membros da *"Usui Reiki Ryoho Gakkai"* acreditam que o *Sensei* Usui siga trabalhando pelo Reiki num outro plano?
Resposta: Sim, acreditam que o *Sensei* Usui e os vários veteranos sempre nos acompanharão do mundo espiritual.

> *"Os nossos mentores nunca nos abandonam;*
> *quem se afasta deles somos nós."*
> Johnny De' Carli

1.19 Fortalecimento da energia Reiki

Pergunta: Para os Membros da *"Usui Reiki Ryoho Gakkai"*, há pessoas nas quais a energia Reiki se manifeste mais forte?
Resposta: Sim, as pessoas que têm fé e que praticam a meditação possuem uma energia Reiki forte. É um fato incontestável.

Pergunta: Há como fortalecer a Energia Reiki?
Resposta: Sim, através do aperfeiçoamento espiritual. Pregam os Membros da Associação que quanto mais elevam o caráter, mais forte torna-se a energia Reiki. Há métodos recomendados pela Associação para potencializar a energia Reiki.

Pergunta: Como fazem os Membros da *"Usui Reiki Ryoho Gakkai"* para a energia Reiki se fortalecer?
Resposta: Através de técnicas ensinadas, buscam se unirem ao coração da mãe natureza, trazendo a plenitude e a aparência do momento do seu nascimento, como um bebê. A mãe natureza, sempre no seu peito acolhedor, abraça a todos e concede uma forte energia Reiki. É importante deixar de lado o pequeno conhecimento, ficar longe da teoria, esvaziar-se por completo, sem barreiras, de uma maneira ingênua até, e se entregar à natureza.

"Não desista de se elevar espiritualmente; podemos escolher qualquer Caminho."
JOHNNY DE' CARLI

1.20 Aperfeiçoamento espiritual do Reikiano

Pergunta: O aperfeiçoamento espiritual é importante para os Reikianos da *"Usui Reiki Ryoho Gakkai"*?
Resposta: Sim, há uma razão para o aperfeiçoamento espiritual, para fortalecer o caráter e a personalidade nesta Associação. Por mais que tenhamos a abundância de experiência terapêutica e mesmo tendo feito tratamentos em muitas pessoas, devemos ser muito prudentes quanto à maledicência mútua entre os colegas.

Pergunta: Como os Membros da *"Usui Reiki Ryoho Gakkai"* estimulam o aperfeiçoamento espiritual?
Resposta: Para se tornar uma excelente pessoa em termos de capacidade espiritual, não há outra forma a não ser continuar treinando e praticando o aperfeiçoamento espiritual. O caminho é de uma variedade infinita, havendo muitas opções; porém, na Associação, através dos poemas do Imperador Meiji, estimulam a purificação da alma/mente, cumprindo diariamente os Cinco Princípios, harmonizando a mente e o corpo.

Pergunta: A energia pessoal modifica de acordo com o seu aperfeiçoamento espiritual?
Resposta: Sim, dizem que nas pinturas e imagens Budistas, na imagem de Cristo, a aura está sempre brilhando.

"Se deseja atingir o topo da montanha, comece desde já a subir pela base."
JOHNNY DE' CARLI

1.21 Autoaplicação de Reiki

Pergunta: É possível um Reikiano curar a si mesmo?

Resposta: Sim, originalmente, a doença humana pode ser curada com a energia Reiki da própria pessoa, ou seja, com a capacidade de autocura, sem depender mais que o necessário da ajuda dos outros, de medicamentos e de médicos.

Os animais selvagens, na natureza, quando ficam doentes, são capazes de se autocurar de um jeito admirável. Muitas vezes vemos os cães e gatos lambendo as feridas e curando-se. Se as condições dos órgãos internos estão ruins, instintivamente comem a grama ou fazem jejum, levando à cura. Consequentemente, por que o homem, que é considerado o senhor da criação e que recebe a capacidade da cura natural, não seria capaz de curar a sua doença?

Nossos ancestrais mantiveram-se vivos dentro da verdade da mãe natureza, sem muitos pensamentos mundanos e, nessa vida, inseridos na natureza, usavam a força da cura. Ao longo da história da humanidade, hábitos e treinamentos foram atuando no subconsciente; quando algum lugar do nosso corpo dói, dizemos "que dor!", e fazemos o gesto de colocar a mão na região afetada. Os gestos dos nossos ancestrais estão presentes nos tempos modernos. Só pressionando pacientemente a parte afetada, tinham o domínio da força de autocura.

"Seja a cura, não a procure fora de si mesmo."
JOHNNY DE' CARLI

1.22 Reiki em doentes terminais

Pergunta: Há algum registro oficial sobre a utilização do Reiki em doentes terminais?

Resposta: Sim, o primeiro registro oficial diz que a mãe do Sr. Suzuki, dono da Loja Suzuki, que fica em Kobe, foi informada de um câncer no estômago. Com o resultado da laparotomia (abertura cirúrgica da cavidade abdominal), feita no hospital provincial, descobriu que já era tarde demais, sem meio de fazer a cirurgia, e recebeu a recomendação de fazer o tratamento médico em sua residência. O Sr. Suzuki, muito dedicado e, de alguma maneira, desejando que a morte fosse tranquila e pacífica, foi ao encontro do Mestre Mitsune para consultá-lo. O tratamento terminou após cerca de 2 semanas, momento em que ocorreu a morte serena, e ficou muito grato com isso.

Pergunta: Além do anterior, há algum outro registro oficial, da *"Usui Reiki Ryoho Gakkai"*, sobre a utilização do Reiki em doenças graves?

Resposta: Sim, um segundo registro oficial diz que o Sr. Yutaka Igi, que morava em Chigasaki (nessa época tinha 42 anos), em 1970, foi operado de úlcera no estômago; com o resultado da laparotomia, foi descoberto que era câncer de estômago e, às pressas, foi submetido a uma cirurgia para esse fim. Após a mesma, que durou cerca de 5 horas, embora continuassem episódios de melhoras e pioras, em 1971, com o resultado do tratamento com o Reiki, decidiu empenhar-se na recuperação até ser capaz de trabalhar. Em janeiro de 1972, foi internado novamente, foram introduzidos vários novos tratamentos e medicamentos; continuou a lutar contra a doença com muito esforço. Em junho de 1972, finalmente sem sentir um sofrimento sequer, teve uma morte serena. Os familiares do falecido agradeceram, dizendo que foi com a ajuda do Reiki.

> *"O tempo de vida física não para, está sempre em contagem decrescente até terminar. Começamos a morrer no momento em que nascemos."*
> Johnny De' Carli

Pergunta: Além dos relatados, há algum outro registro oficial?

Resposta: Sim, um terceiro registro oficial diz que no final de maio de 1974, o Mestre Nakagawa, desta Sede, teve uma morte serena aos 86 anos, sendo isso relatado pelo familiar do falecido (que também era Membro). Quase no final do mesmo mês, fizeram uma excursão em Atami com umas pessoas voluntárias, e ele tinha um comportamento um pouco diferente do normal. Ao regressar a Tokyo, o Mestre Nagano e algumas outras pessoas revezaram o tratamento dentro do carro. Quando chegaram a Shinagawa, ele estava bem animado e retornou ao seu lar. Foi ao banho público e, após a limpeza do corpo, entrou num coma profundo e teve uma morte serena.

1.23 Cinco Princípios do Reiki

Pergunta: A Técnica Reiki se restringe à aplicação de energia Reiki?

Resposta: Não somente aplicação de energia Reiki, seus praticantes procuram viver diariamente de acordo com os Cinco Princípios do Reiki. Dessa forma, não só melhoram e mantêm a saúde como também, aumentam a paz, a prosperidade e a felicidade do lar, da sociedade, da nação e do mundo. Esse é o verdadeiro propósito da Terapia Reiki de Usui.

Pergunta: O que são os Cinco Princípios do Reiki?

Resposta: Os Cincos Princípios são os ensinamentos do *Sensei* Usui, fundador da *"Usui Reiki Ryoho Gakkai"*, eles constam na primeira página do *"Reiki Ryoho Hikkei."*

Pergunta: O que é *"Reiki Ryoho Hikkei"*?

Resposta: Trata-se de um Manual obrigatório de Terapia Reiki para os Membros da *"Usui Reiki Ryoho Gakkai."*

"Bons princípios permanecem sem sentido enquanto não se transformam em hábitos."
JOHNNY DE' CARLI

Acima, cópia do *"Reiki Ryoho Hikkei"*, Manual obrigatório de Terapia Reiki para os Membros da *"Usui Reiki Ryoho Gakkai"*. Abaixo, *Gyosei*, última parte do Manual, que contém os 125 Poemas *(Wakas)* escritos pelo Imperador Meiji.
(*fotos de Rita de Cássia Lima De' Carli*)

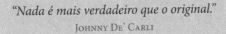

"Nada é mais verdadeiro que o original."
JOHNNY DE' CARLI

Pergunta: O que *Sensei* Usui pregava sobre os Cinco Princípios?
Resposta: Esses Cinco Princípios são os melhores ensinamentos para a humanidade.

Pergunta: Como os Cinco Princípios do Reiki são apresentados na *"Usui Reiki Ryoho Gakkai"*?
Resposta: Na primeira página do *"Reiki Ryoho Hikkei"* aparecem da seguinte forma:

- Método secreto para convidar à felicidade.
- O remédio milagroso para todos os males.
- Só por hoje:
    - Não fique com raiva;
    - Não se preocupe;
    - Seja grato;
    - Seja dedicado ao trabalho;
    - Seja gentil com as pessoas.
- De manhã e à noite, junte as palmas das mãos em prece, orando com o coração, e entoe.

Pergunta: O que os Membros da *"Usui Reiki Ryoho Gakkai"* objetivam com os Cinco Princípios do Reiki?
Resposta: Os Membros da Associação, ao cumprirem os Cinco Princípios, obtêm um avanço no aperfeiçoamento espiritual, tornando eficaz essa energia Reiki inata, congênita. Além disso, manifestam admiravelmente o seu efeito porque realizam as melhorias da mente e do corpo, as suas e as dos outros. Então, buscam continuar a elevar e melhorar a eles mesmos, acumulando treinamentos (experiências), tornando-se pessoas mais competentes, com maior capacidade espiritual a fim de serem capazes dessa realização, assemelhando-se aos Deuses.

"É mais fácil pregar princípios do que viver de acordo com eles."
JOHNNY DE' CARLI

Pergunta: O que prega a *"Usui Reiki Ryoho Gakkai"* sobre o preceito "Só por hoje"?

Resposta: Prega que as pessoas fazem muitos comentários a respeito do passado; escuta-se facilmente: *"eu deveria ter feito aquilo"*, *"eu deveria ter feito assim"*, *"naquela vez deu certo"*, *"naquela ocasião não tive êxito"*, queixando-se e relembrando as memórias.

Tanto os seres humanos quanto tudo que existe no Universo continuam a avançar em direção ao futuro. Não importa o quanto relutem, ressintam ou sintam saudade, o passado não voltará.

Prega que Universo e natureza estão em constante mutação. Mas, mesmo confiando um futuro sonho ao dia de amanhã, nós, pessoas normais, absolutamente não temos como estar no amanhã. Como também, não podemos reproduzir o passado; é apenas hoje que está vivo para nós. O amanhã, daqui a uma semana, daqui a um mês, daqui a um ano, uma vida inteira é uma continuação do hoje. O resultado de hoje refletirá no amanhã. Então, obedientemente, enquanto fazemos uma modesta reflexão, vamos criando e desenvolvendo sempre o novo. É um ensinamento que diz para vivermos cuidadosamente o dia, o momento do agora.

Não fique com raiva

Pergunta: O que prega a *"Usui Reiki Ryoho Gakkai"* sobre o Princípio "Não fique com raiva"?

Resposta: Prega que a raiva não só causa desconforto para terceiros, como causa danos a nós mesmos. Isso foi comprovado pelas experiências do Dr. Elmer Gates, psicólogo norte-americano.

> *"O verdadeiro futuro é hoje.*
> *O hoje é a unidade produtiva de nossas vidas."*
> Johnny De' Carli

Pergunta: Como foram feitas essas experiências pelo Dr. Elmer Gates?
Resposta: Um tubo foi preenchido com ar em forma líquida (-147°C), e dentro do tubo foi exalado um sopro (sopro sem nenhum pensamento/nenhuma intenção). Esse sopro, após a refrigeração, congelou formando cristais incolores e transparentes (é um fenômeno semelhante quando respiramos profundamente e o sopro sai branco, numa manhã de inverno, só pelo fato de sairmos do recinto).

Aplicando esse princípio, segue a tabela onde sopros com diferentes tipos de emoções e sentimentos foram colocados para dentro do tubo.

Emoções diversas	Cor do cristal	Resultado da aplicação (experiência em animais)
1. Sentimento de raiva	Vermelha	A solução foi injetada em cobaias saudáveis, em que 64 morreram. Injetada em 5 feras/animais selvagens morreram em 5 minutos.
2. Maldição, sentimento de ódio	Castanho	
3. Sentimento de arrependimento, pesar	Rosa	Injetada em cobaias, apresentaram tiques (nervosos), problemas motores.
4. Coração sem esperança	Cinza	Injetada em cobaias, apresentaram neuropatia (problemas no sistema nervoso).
5. Coração saudável, com vigor	Verde	Quando injetada em cobaias que estavam quase mortas, todas as 64 foram reanimadas.
6. Sentimento de frescor, ânimo	Azul	
7. Sentimento com reverência, respeito	Violeta	

*"Raiva é loucura transitória.
Se não a controlamos, somos controlados por ela."*
JOHNNY DE' CARLI

Pergunta: Que conclusão os Membros da *"Usui Reiki Ryoho Gakkai"* tiraram a partir das experiências do Dr. Elmer Gates?
Resposta: Como apresentado nesses dados experimentais, a raiva deve ser temida e abstida. Afinal, a irritabilidade é uma perda da paciência. A raiva que surge dos danos recebidos dos outros, quando somada com os gerados por ela própria, torna-se duas vezes mais tóxica. Porém, os pais com relação ao filho, os professores para com o aluno devem dar a repreensão com afeto e deve ser com forte encorajamento. Se o sentimento for de raiva, sem dúvida, não será uma repreensão com afeto. Ocorrerá um resultado contrário, criando uma parede de ruptura, algo irreconciliável.

Nós somos os senhores da criação, além disso, temos capacidade espiritual e não devemos ter raiva. O sentimento de raiva pode ser reduzido admiravelmente com o poder espiritual. Se conseguirmos controlar, de fato, poderemos ter uma vida tranquila, de paz. A pessoa que deseja uma longevidade saudável deve evitar, prudentemente e dentro do possível, a raiva.

Não se preocupe

Pergunta: O que prega a *"Usui Reiki Ryoho Gakkai"* sobre o Princípio "Não se preocupe"?
Resposta: Prega que o homem é um animal emotivo e, instantaneamente, manifestam-se várias emoções. Em especial, quando surge algo que o preocupa, o coração contrai, há uma baixa na atividade física, diminui a vitalidade de cada uma das células do corpo, não consegue fazer direito o seu trabalho, elimina urina com sangue, ficando predisposto às doenças. Além disso, é demasiado o medo de doenças.

> *"Dê o primeiro passo para a felicidade, troque suas preocupações por ocupações."*
> Johnny De' Carli

Enquanto estiver preocupado mais do que o necessário, não tem como ter expectativa na saúde.

Este "Não se preocupe" refere-se a preocupações desnecessárias, ou seja, são várias aflições e tormentas que amarram o passado, o presente e o futuro.

Na Associação, chamam de "consideração" o planejamento de negócios, o planejamento de vida e o refletir sobre benefícios. E, em especial, a preocupação com o foco na doença é o mais prejudicial.

Inicialmente, nós humanos existimos graças à bênção da mãe natureza, porém, mesmo com a nossa própria vontade, não estamos livres da vida e da morte.

É importante nos esforçarmos, e muito, para vivermos sempre com uma boa saúde. Somos de carne e osso. E, ainda que, mesmo doentes, pensemos: *"de qualquer maneira, eu desejo ser salvo, eu desejo me curar rapidamente"*, *"de qualquer maneira, eu quero poder ajudar, eu quero poder curar rapidamente"*. Mesmo tendo a nossa própria vontade, há vezes que não podemos fazer nada.

O destino da pessoa não pode ser modificado através da inteligência humana, não se pode fazer nada. Afinal, não há outro caminho, *"faça o melhor possível e depois espere pelo destino."*

Quando você reflete nisso, é um desperdício pensar na preocupação, no medo. Não há outra forma além do autocontrole. Enquanto estiver com medo da doença e ficar preocupado, isso nunca vai melhorar. O medo tem o poder de chamar, e a preocupação tem o poder de atrair. Se você chamar, com certeza virá. Digamos que é sábio esforçar-se para não se preocupar.

Preocupar-se sem nada ter acontecido é considerado como ansiedade, medo irracional sem motivo ou causa. No mundo, existem

"A pessoa que se preocupa antes de ser necessário, se preocupa mais que o necessário."
Johnny De' Carli

muitas pessoas que se preocupam desnecessariamente. A preocupação, praticamente, quebra a paz de espírito, engana o raciocínio sereno, porque nos faz faltar esperteza, faz com que a cabeça não seja capaz de compreender uma coisa boa e inibe a coragem de realizar. Portanto, o ser humano, pelo próprio aperfeiçoamento espiritual, necessita de muito esforço para evitar a preocupação. Isso foi comprovado pelas experiências do Dr. Bettenkauhel.

Pergunta: Como foram feitas essas experiências pelo Dr. Bettenkauhel?
Resposta: O Dr. Bettenkauhel, da Alemanha, grande cientista que estudou sobre microorganismos, junto com seu assistente Emmich, com base nos vários resultados dos experimentos de pesquisas, afirmou que a causa da doença tem a ver com as condições internas ou, por assim dizer, a maior parte da doença depende do estado psicológico. Exatamente nessa época, o bacteriologista alemão, o Dr. Koch, descobriu a bactéria da cólera, provocando uma sensação no mundo da Medicina. O Dr. Bettenkauhel, para provar a sua opinião e contrapor com uma teoria oposta, bebeu a solução que continha a cultura de bactéria da cólera. As pessoas ao redor ficaram surpresas, *"por mais que diga que a sua teoria não será distorcida, beber a bactéria da cólera é algo imprudente"*. Mas após o ocorrido, ele não teve nenhuma alteração e não contraiu a doença, a cólera. Por outro lado, seu assistente Emmich bebeu a bactéria da cólera no mesmo momento, porém, diferentemente do Dr. Bettenkauhel, bebeu com medo, vindo a ficar com cólera. A partir da diferença das crenças do Dr. Bettenkauhel e do assistente, o resultado saiu diferente.

"A Ciência é o caminho para se chegar a Deus pela razão."
Johnny De' Carli

Seja grato

Pergunta: O que prega a *"Usui Reiki Ryoho Gakkai"* sobre o Princípio "Seja grato"?

Resposta: Prega que aquele que possui o sentimento de gratidão por todas as coisas é uma pessoa feliz. Quem não possui esse sentimento, entende-se que não consegue uma vida próspera, alegre. Isso é uma pena! Percebe-se que muitos pensam que a "gratidão" é um termo usado quando alguém faz um favor ou quando recebem algo das pessoas. Claro, com certeza, nesses casos, mostra-se o sentimento da gratidão; porém, temporariamente, vamos pensar o seguinte: *"se não recebermos um favor, se não recebermos alguma coisa, não seremos gratos?"*

O "Seja grato" pregado pela Associação não seria a gratidão de troca de bens e outros, mas sim um sentimento de gratidão para com a mãe natureza, para com todas as coisas do Universo.

Como mencionado anteriormente, o ser humano é o senhor da criação e, pelo modo como está o seu aperfeiçoamento espiritual, pode tornar-se uma pessoa que esteja em nível tão elevado como Deus e Buda. Com isso, deve despertar o sentimento de gratidão. Não se pode deixar de agradecer do fundo do coração por uma vida abençoada com saúde, conforto. Ser grato também a todas as plantas, árvores, rios, montanhas, animais e à natureza.

Nós estamos vivos sob a bênção do Universo. Portanto, devemos dar suporte uns aos outros, aperfeiçoarmo-nos espiritualmente, senão a vida não irá realizar-se plenamente nesta sociedade. Até mesmo os ricos ou pessoas que pensam no status elevado, só poderão realizar-se na vida se houver auxílio dos outros. Devemos ser gratos por essa ajuda mútua.

A *"Usui Reiki Ryoho Gakkai"* também, em seus ensinamentos, faz uso de uma velha canção que prega a gratidão pela comparação.

"O Universo doa em abundância quando você adota uma atitude de gratidão."
Johnny De' Carli

Pergunta: O que diz essa velha canção?
Resposta: *"Kyo Mo Mata Hoki Toru Teno Ureshishayo Hakanakunarishi Hitoni Kurabete"*. A tradução é: *"Hoje também, a alegria da mão pegar a vassoura, em comparação aos que não mais varrem."*

Pergunta: A *"Usui Reiki Ryoho Gakkai"*, em seus ensinamentos, faz uso de exemplos das religiões que também pregam a gratidão?
Resposta: Sim, do Budismo e do Cristianismo.

Pergunta: Qual é o ensinamento do Budismo?
Resposta: No Budismo, ensinam-se as 4 valorizações: gratidão ao país; gratidão aos pais (antepassados); gratidão aos Mestres e amigos e gratidão à sociedade.

Pergunta: Qual é o ensinamento do Cristianismo?
Resposta: No Cristianismo, ensina-se:
- a graça pela luz do raio do sol;
- a graça pela água regida pela lua;
- a graça pela generosidade da mãe terra.

Pergunta: A *"Usui Reiki Ryoho Gakkai"*, em seus ensinamentos, também prega a gratidão à mãe natureza?
Resposta: Sim, quando os seres humanos que estão sobrevivendo agradecem a força da mãe natureza e a todas as coisas que estão à sua volta, verifica-se aí um passo ao reconhecimento e ao exercício de expressar a gratidão, aumentando a autoestima. Quanto mais aprofundados nesse sentimento de gratidão, mais paz haverá na nação, na sociedade e no mundo, mais felicidade e prosperidade no lar. Ao mesmo tempo, obtém-se o seu próprio desenvolvimento ilimitado.

Os seres humanos são sempre abençoados pela mãe natureza. Deve-se tentar ter sempre um sentimento de gratidão!

> *"Equivoca-se quem busca Deus agredindo a natureza.*
> *Quem agride a natureza, agride Deus."*
> Johnny De' Carli

Seja dedicado ao trabalho

Pergunta: O que prega a *"Usui Reiki Ryoho Gakkai"* sobre o Princípio "Seja dedicado ao trabalho"?

Resposta: Prega que aos seres humanos, quaisquer que sejam as pessoas, são dadas as funções conforme as suas capacidades de trabalho. Não só os seres humanos, mas todas as coisas que estão sob a influência da mãe natureza estão de acordo com a vontade de Deus e Buda, realizando o trabalho que corresponde a cada um. Portanto, se forem dedicados com suas profissões, terão uma vida social adequada às suas capacidades e, eventualmente, serão abençoados na vida familiar. Isso é uma benção de Deus/Buda, a verdade.

Fala que não é exagero dizer que uma mente preguiçosa é um infortúnio para a pessoa e que para a sociedade é um pecado. Uma vida sem a verdade é acompanhada de dificuldade.

Existem pessoas que confundem preguiça com tirar um descanso, pois a preguiça torna a mente libertina, e o tirar um descanso serve para recarregar o vigor (energia).

Para os seres humanos, não importa como envelheçam; fazendo o trabalho correspondente à idade, obtêm uma estabilidade física e mental, e serão abençoados com a longevidade natural.

Desde antigamente, dizia-se que na água acumulada e parada geravam-se larvas de mosquitos, e no campo de cultivo que não recebia cuidados, a grama crescia.

Sempre use a cabeça, use o corpo e realize com dedicação o trabalho, com o máximo esforço, em qualquer tarefa, para melhorar o metabolismo.

> *"Trabalhe, a mente ociosa é danosa para si mesmo e para a sociedade."*
> Johnny De' Carli

Seja gentil com as pessoas

Pergunta: O que prega a *"Usui Reiki Ryoho Gakkai"* sobre o Princípio "Seja gentil com as pessoas"?

Resposta: O ensinamento da *"Usui Reiki Ryoho Gakkai"* sobre "Seja gentil com as pessoas" refere-se à vida que levamos como membros da sociedade e, também, como somos abençoados tanto por ela como pela natureza. Portanto, para nos tornarmos um grande membro dessa sociedade, antes de qualquer coisa, é importante nos autoestabelecermos.

Qualquer pessoa, mesmo demonstrando toda a sua força, isoladamente, não consegue firmar-se na vida. O autoestabelecimento ocorre, por vezes, com a ajuda mútua de todos os lados. Surge a partir de algo a ser sedimentado. Com isso se origina a sociedade, compondo um sistema de bem-estar social.

Desse modo, prega que as pessoas que são extremamente egoístas são consideradas destruidoras para a sociedade. Se há a presença de outros é porque a sua presença começa a ser reconhecida, assim sendo, devemos ser gentis com os outros da mesma forma como somos gentis conosco. Aqui, a interpretação que se deve ter é que a gentileza é uma questão da alma.

Prega-se que um bom conselho, um aviso, torna-se uma gentileza eficaz, maior que ajuda financeira.

Prega-se ter em mente que é um dever como ser humano servir com gentileza às outras pessoas, pensando que a vida em comunidade social é um campo de troca de bondade mútua.

"A gentileza é uma forma de oração das mais elevadas."
Johnny De' Carli

Pergunta: Para os Membros da *"Usui Reiki Ryoho Gakkai"*, é tarefa fácil viver de acordo com os Cinco Princípios?

Resposta: Não, para os Membros, cumprir os Cinco Princípios não é algo tão fácil de ser executado. Mesmo nas pequenas coisas, é fácil gerar a raiva, a preocupação, a insatisfação, a negligência no trabalho e o conflito com as pessoas, por exemplo. Dizem que até são atitudes superficiais que ocorrem, como às vezes imaginamos na nossa alma/mente, porém esses sentimentos são bastante difíceis de dissiparem-se, pois, muitas vezes, os pensamentos continuam a surgir.

1.24 Meditação Gassho

Pergunta: Qual é a vantagem de realizar diariamente a meditação *Gassho*?

Resposta: Ao se praticar o *Seiza/Gassho*, de 1 a 2 vezes ao dia (o melhor é fazer antes de ir dormir e ao acordar, cerca de 15 a 30 minutos), percebe-se que a energia Reiki fica cada vez mais forte. Ao se praticar isso, não só a energia Reiki torna-se forte, mas também locais enfermos do corpo começam a ser curados, e o cansaço do corpo começa a melhorar.

Pergunta: Qual é o melhor local para realizar a meditação *Gassho*?

Resposta: Se possível, deve-se fazer o *Seiza/Gassho* em local com pouca iluminação e sentar-se voltado para o lado mais escuro.

"Na oração, fala-se com Deus; na meditação, ouve-se Deus."
JOHNNY DE' CARLI

Sensei Toshihiro Eguchi conduzindo uma meditação *Gassho*,
numa reunião de Reiki.
(*in: HIROSHI, D., Manual de Mestrado, 2002*)

1.25 Causas das doenças

Pergunta: Na visão da *"Usui Reiki Ryoho Gakkai"*, quais são as principais causas das doenças?

Resposta: As principais causas das doenças são três, de acordo com a Associação:

I) Hereditariedade: é a doença causada pelo sangue dos pais, dos antepassados (isso é uma pena!);

II) Coração (emoções): embora referido como paranoia (memorização de medo), existe pessoa que, mesmo não tendo nada, acaba desenvolvendo a própria doença que criou, esquecendo-se

"A doença geralmente não existe, existem pessoas doentes."
Johnny De' Carli

da dignidade do homem, que é abençoado pela mãe natureza, obtendo um resultado produzido pelas ideias e pensamentos rígidos. É a doença criada por uma somatização devido a uma emoção doentia;

III) Meio ambiente: essa não é uma doença tão preocupante, mas acontece quando as pessoas ao redor tratam o outro como se tivesse uma doença muito grave. São indivíduos os quais falam que o outro tem uma saúde debilitada e que, por isso, contrai muitas doenças. Expressam palavras de derrota, direcionando palavras como: *"você está abatido, deve ter algo errado."* Nós acreditamos que somos fracos e temos ideias que atormentam desnecessariamente a mente e, de qualquer maneira, temos a atitude de um paciente com uma doença bem grave (criticamente enfermo). Conseguimos criar a doença pela nossa própria mente e de acordo com o meio ambiente, o que está ao nosso redor.

Pergunta: O que se percebe numa região enferma do organismo?
Resposta: Percebe-se que sob a influência de um desequilíbrio, uma parte do tecido celular é destruída no interior do corpo, e o local com pouca atuação da energia Reiki vemos ser atacado por uma doença, sem nenhum impedimento (o mesmo vale para o ferimento externo).

*"Estamos nos voltando aos métodos antigos
a fim de nos modernizarmos."*
Johnny De' Carli

1.26 Técnicas de Reiki ensinadas pelo *Sensei* Usui

Pergunta: Quais são as principais técnicas que eram ensinadas pelo *Sensei* Usui, utilizadas pela *"Usui Reiki Ryoho Gakkai"*?

Resposta: Os aprendizados adquiridos com muito empenho e dedicação do *Sensei* Usui resultaram em três grandes descobertas de técnicas terapêuticas que foram deixadas para a Associação, são elas:

a) *Ketsueki Kokan-Ho* (técnica de renovação do sangue);

b) *Tanden Chiryo-Ho* ou *Gedoku Chiryo-Ho* (técnica terapêutica na região *tanden*, uma região que fica a 5 cm ou a 3 dedos abaixo do umbigo);

c) *Byosen Reikan-Ho* (técnica de percepção da irradiação da doença).

1.27 Tratamento de Reiki

Pergunta: Qual é o local mais indicado para se realizar um tratamento de Reiki?

Resposta: Recomenda-se realizar os tratamentos em lugar familiar e próximo ao Reikiano.

Pergunta: Qual é a melhor posição para quem recebe o Reiki?

Resposta: O paciente deve ficar numa posição confortável, podendo deitar-se ou sentar-se. Estando na posição mais confortável, faz-se o tratamento.

> *"Reiki não é milagre, funcionará apenas se você usá-lo."*
> Johnny De' Carli

Alunos do *Sensei* Toshihiro Eguchi, aplicando o Reiki com os receptores deitados.
(*in*: HIROSHI, D., *Manual de Mestrado, 2002*)

Pergunta: Antes de um tratamento de Reiki, na ausência de água, como se devem limpar as mãos?

Resposta: Deve-se sempre portar um aparelho esterilizador de álcool portátil quando for realizar um tratamento.

Pergunta: Qual é a postura ideal para o Reikiano num tratamento com o Reiki?

Resposta: Para o tratamento, é muito importante atuarmos com seriedade, com a mente pura, sem interesse pessoal e com bondade. Quando for fazer o tratamento, é essencial estar com um bom sentimento. Durante o atendimento, deve-se abster de pensamentos egoicos como *"eu vou te curar."* É a energia Reiki que vai curar, não devemos duvidar do tratamento; é uma ideia muito tola pensar que você curou. Sinceramente, é importante ser modesto!

"É possível desenvolver um bom hábito de vida, incorporando-o, sempre que possível, à sua rotina."
JOHNNY DE' CARLI

Pergunta: Qual é o primeiro passo para se realizar um tratamento?
Resposta: Determine qual mão (lado) vai usar no tratamento, pois será utilizada apenas essa mão definida. Feche levemente a outra mão e carregue com a energia Reiki vinda da mãe natureza.

Alunos do *Sensei* Toshihiro Eguchi, aplicando o Reiki com uma única mão.
(*in*: HIROSHI, D., *Manual de Mestrado*, 2002)

Pergunta: Não se podem utilizar as duas mãos simultaneamente nos tratamentos?
Resposta: Sim, podem ser utilizadas as duas mãos para tratamento de certos órgãos que estão aos pares, como as orelhas e os rins.

Pergunta: Como é feito o toque da mão num tratamento de Reiki?
Resposta: Estenda a palma da mão e ponha levemente na área afetada. Não pressionar, e sim apenas colocar a mão o suficiente para tocar. Com a segunda articulação do dedo médio, toque na área afetada para conseguir fazer o tratamento confortavelmente e, além disso, tomar cuidado para que as mãos e os braços não se torçam.

> *"Tocar aqueles que amamos é muito fácil; difícil é tocar a todos, sem distinção."*
> JOHNNY DE' CARLI

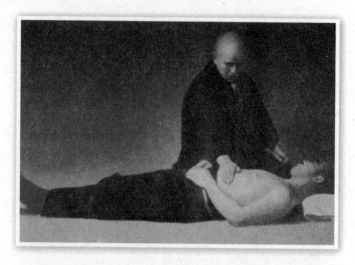

Alunos do *Sensei* Toshihiro Eguchi, aplicando o Reiki, tocando levemente na área afetada, com a segunda articulação do dedo médio.
(*in:* HIROSHI, D., *Manual de Mestrado, 2002*)

Pergunta: O toque físico é sempre fundamental num tratamento de Reiki?
Resposta: Não, embora seja bom colocar a mão diretamente sobre a pele, existem pessoas que não gostam. Em pacientes em estado febril que não possam ser tocados, não há necessidade de fazê-lo diretamente.

Pergunta: O toque físico, num tratamento de Reiki, precisa ser diretamente sobre a pele?
Resposta: Não, o Reiki atravessa qualquer coisa, por cima da roupa, da roupa de cama, da coberta acolchoada, não importando nem um pouco.

Pergunta: Num tratamento de Reiki, há algum cuidado com o toque físico no sexo aposto?
Resposta: Sim, quando o paciente for do sexo feminino e o terapeuta for um homem, é muito importante tomar cuidado quando for colocar a mão diretamente no corpo, principalmente ser for a primeira vez

"Um toque amigo pode salvar uma vida."
Johnny De' Carli

que faz o tratamento. Não há problema quando se tem intimidade ou familiaridade, pois há uma compreensão mútua.

Pergunta: Por onde os Reikianos da *"Usui Reiki Ryoho Gakkai"* iniciam um tratamento de Reiki?
Resposta: O tratamento inicia-se na cabeça, mesmo tendo outra parte que não esteja bem.

Pergunta: Qual é a sequência recomendada para aplicação de Reiki na cabeça?
Resposta:
a) Linha frontal do cabelo (parte anterior da cabeça/testa);
b) Tratar ambas as têmporas usando as duas mãos (partes laterais da cabeça);
c) Parte de trás da cabeça;
d) Parte de trás do pescoço, nuca (tem terminação nervosa cruzando nesse local);
e) Topo da cabeça (parte do topo da cabeça e a coroa).

Pergunta: Quanto tempo recomenda-se aplicar Reiki na cabeça?
Resposta: Essas 5 regiões devem ser tratadas aproximadamente de 30 a 40 minutos.

Pergunta: Num tratamento de Reiki, como é feito o toque físico sobre os olhos?
Resposta: Em caso de doença de olhos, cubra-os com um lenço ou gaze.

Pergunta: Como se realiza um tratamento de Reiki na prática?
Resposta: É só aplicar o Reiki na parte doente que pretende sanar.

> *"Um mesmo tratamento pode não ser tão bom para diferentes doentes."*
> JOHNNY DE' CARLI

Pergunta: O Reikiano pode perceber algo ao tocar numa região enferma?
Resposta: Sim, quando colocamos a mão na parte doente, sentimos algo que se manifesta na doença e que vem da origem da mesma.

Pergunta: Como se chama essa prática?
Resposta: É chamada de *Byosen Reikan-Ho* (irradiação da doença).

Pergunta: Como se utiliza o *Byosen Reikan-Ho*?
Resposta: Todas as pessoas com o propósito inicial de tratar, por mais que não consigam compreender o *Byosen Reikan-Ho*, devem pôr a mão levemente na parte doente, pois isso terá um efeito considerável. Deve-se estar confiante ao realizar o tratamento.

Pergunta: A sensação do *Byosen Reikan-Ho* pode variar?
Resposta: Sim, a sensação do *Byosen Reikan-Ho* tem a ver com o tipo, o grau, a melhora e a piora da doença e outros; como a situação é diferente de pessoa para pessoa, então, dá-se de uma maneira indeterminada.

Pergunta: A sensação do *Byosen Reikan-Ho* pode variar de Reikiano para Reikiano?
Resposta: Sim, realmente isso dependerá das experiências. Os jovens, no geral, são mais sensíveis. Cada vez que vocês colocam a mão, vão adquirindo mais sensibilidade.

Pergunta: Quais são as sensações mais comuns no *Byosen Reikan-Ho*?
Resposta: São várias as sensações, sendo elas como se a energia Reiki estivesse passando, ou algo pulsando, ou algo furando com a ponta de uma agulha ou de caruma (folhas/agulhas dos pinheiros), ou um inseto rastejando, ou sentindo uma comichão, ou como se tivesse levado uma mordida, uma sensação de dor e dormência.

"Não existe sensibilidade como a do coração."
Johnny De' Carli

Pergunta: Onde a sensação do *Byosen Reikan-Ho* é mais intensa?
Resposta: No local onde existe a doença, certamente percebe-se o Byosen.

Pergunta: A sensação do *Byosen Reikan-Ho* é percebida somente após a doença instalada?
Resposta: Não, o *Byosen Reikan-Ho*, fisicamente, manifesta-se até em caso em que a doença ainda não se apresentou. O *Byosen Reikan-Ho* aparece de 2 a 3 dias antes do diagnóstico médico.

Pergunta: A sensação do *Byosen Reikan-Ho* é percebida somente quando há doença?
Resposta: Não, mesmo após o médico diagnosticar como "curado", o *Byosen Reikan-Ho* pode manifestar-se. Se você conseguir detectar, tratar e remover isso o suficiente, então a doença não voltará.

Pergunta: A sensação do *Byosen Reikan-Ho* é percebida somente na região enferma?
Resposta: Não, o *Byosen Reikan-Ho* manifesta-se em vários lugares, além da área afetada. Por exemplo, se tem afta, ele manifesta-se na sola do pé; doença de estômago seria na testa; lombriga, sob o nariz; problemas no fígado, nos olhos e assim por diante.

Pergunta: Quanto tempo a mão deve ser mantida em cada posição num tratamento de Reiki?
Resposta: Aplica-se de 15 a 30 minutos em cada local.

Pergunta: Quanto tempo demora um tratamento de Reiki?
Resposta: Quando tiver vários locais, limitar a realização em 1 hora. O melhor seria fazer um tratamento com mais tempo, porém, o doente pode ficar incomodado e sofrendo; isso interfere deixando o efeito mais fraco. Mas, se o doente desejar, isso é permitido, não importando

> *"Só um ser sensível pode perceber outro."*
> Johnny De' Carli

o tempo do tratamento. Na Terapia Reiki, quanto mais tempo de tratamento fizer, melhor será.

Ao invés de fazer um tratamento contínuo de 1 hora, é preferível dividir de 20 a 30 minutos, com intervalos, para um bom resultado.

Pergunta: Num tratamento com o Reiki, onde o Reikiano deve colocar a atenção?
Resposta: No tratamento, a pessoa que tem a capacidade espiritual deve lembrar-se de sempre colocar a intenção na região do *saika tanden* (ponto que fica 3 dedos abaixo do umbigo).

Pergunta: Pode-se conversar durante um tratamento de Reiki?
Resposta: Durante o tratamento, não há impedimentos de ficar conversando, tomar chá e outros; porém, devem-se evitar, dentro do possível, conversas complicadas e que usem muito a cabeça.

Pergunta: É importante praticar o Reiki?
Resposta: Sim, é fundamental adquirir treinamento para atingir o ponto, o alvo, o lugar certo, a habilidade e o tato e diagnosticar na fase inicial. Para isso, torna-se necessário fazer muitas experiências de tratamento.

Pergunta: Um tratamento de Reiki é destinado a somente pessoas enfermas?
Resposta: Não, tomando algumas precauções, recomenda-se fazer o tratamento antes do início da doença, assim, evitando que seja tarde demais.

Pergunta: Se durante um tratamento de Reiki o Reikiano sentir sono, o que deve fazer?
Resposta: Se, durante o tratamento, ficar sonolento, recomenda-se fazer uma pausa e depois retomar.

"Devemos fazer silêncio em torno de nós, se queremos ouvir nossa alma cantar."
JOHNNY DE' CARLI

Pergunta: Como se deve tratar um paciente terminal com o Reiki?
Resposta: Para paciente terminal, o tratamento deve ser direto, dia e noite. Se fizer isso, sem dormir e sem descansar, revezando-se, qualquer doença maligna e grave poderá ser curada.

Pergunta: Num tratamento de Reiki, há alguma técnica que deva ser sempre feita?
Resposta: Sim, para qualquer paciente, é necessário fazer o *Tanden Chiryo-Ho* ou *Gedoku Chiryo-Ho* (tratamento para desintoxicar). Sempre executá-lo.

Pergunta: Num tratamento de Reiki, o que significa *Dokukudashi*?
Resposta: Significa o mesmo que *Tanden Chiryo-Ho*: eliminar as toxinas *(Dokukudashi, Tanden Chiryo-Ho* e *Gedoku Chiryo-Ho)* são denominações da mesma técnica).

Pergunta: Como se faz o *Tanden Chiryo-Ho (Dokukudashi)*?
Resposta: Faz-se o tratamento no *tanden*, em seguida faz-se o *Nentatsu* para "eliminar as toxinas"; continuar por aproximadamente 30 minutos. Se você fizer dessa maneira, vai liberar qualquer toxina.

Pergunta: Em quais outros casos há a recomendação de fazer o *Tanden Chiryo-Ho*?
Resposta: É bom para intoxicação alimentar (carne), intoxicação por medicamentos/drogas, doenças de pele, problemas após injeções e acupuntura. Especialmente, sempre utilize essa técnica com pessoas doentes que estejam ingerindo medicamentos durante muito tempo. Em doenças oculares, com vermelhidão, também é recomendado.

> "Para uma mudança ocorrer no nível físico,
> ela primeiro ocorre no nível energético."
> JOHNNY DE' CARLI

Pergunta: A exemplo do que ocorre na Homeopatia, num tratamento com o Reiki, é possível haver uma piora temporária (reações de limpeza ou de cura)?

Resposta: Sim, há momentos em que, ao tratar com a Terapia Reiki, o estado da doença piora. É uma reação e, de modo algum, não devemos nos preocupar, porque é uma prova de que ouve um efeito terapêutico. Geralmente, a doença crônica apresenta uma condição médica aguda e gradativamente vai melhorando. Na nevralgia e no reumatismo, por exemplo, a dor piora de 2 a 3 dias, por causa do tratamento; em otite média, aumenta a quantidade de pus; em sarampo, surgem erupções na pele, o suficiente para se tornar um vermelho forte. Mesmo com essas reações adversas, que podem surgir no tratamento com a energia Reiki, distinguem-se sensações toleráveis e de conforto, quando comparamos a um não tratamento com essa terapia. Isso é o resultado do tratamento e é visto como que todas as causas das doenças foram tiradas de uma vez. A doença que apresenta essa reação possui uma cura mais rápida; então, podemos ficar despreocupados.

Num tratamento de Reiki com *Tanden Chiryo-Ho*, dependendo do tipo de doença, pode ter muita reação e é necessário ter muito cuidado.

Pergunta: Deve-se sempre informar os pacientes sobre as possíveis reações de limpeza?

Resposta: Sim. Porém, para pacientes com temperamento nervoso, não informá-los diretamente, e sim, os familiares que, em qualquer eventualidade, possam transmitir uma sensação de segurança (são muitas as reações em doença autossômica – genética – dominante).

*"A tarefa que você mais deseja adiar
é a que deve ser feita primeiro."*
Johnny De' Carli

Pergunta: Num tratamento *Tanden Chiryo-Ho*, quais são os sintomas da eliminação de toxinas?
Resposta: Quando se produz o efeito, a cor da urina fica branca e turva, parecida com a água de arroz lavada, as fezes saem escuras e mal cheirosas, e o corpo, mesmo estando confortável, fica mole e sonolento.

Pergunta: Num tratamento *Tanden Chiryo-Ho (Dokukudashi)*, o que se deve fazer caso não surjam sintomas da eliminação de toxinas?
Resposta: Se não surtir o efeito na primeira vez, por favor, realize de 2 a 3 vezes até surti-lo.

Pergunta: Num tratamento de Reiki, o que significa *Ketsueki Kokan-Ho (Koketsuho)*?
Resposta: É um método para estimular a autorenovação do sangue.

Pergunta: Quais são os efeitos que se observaram num tratamento de Reiki com a *Ketsueki Kokan-Ho*?
Resposta: Como exemplo, quando realizado durante um período em pessoas com escrofulose (tumores duros e dolorosos nos gânglios linfáticos), em convalescentes e em idosos, resulta em boa saúde.

Pergunta: Um tratamento de Reiki com a técnica *Ketsueki Kokan* deve ser feito numa única vez?
Resposta: Não, deve-se continuar fazendo por um período de 15 dias, 1 mês ou 6 meses.

Pergunta: Como é feito um tratamento de Reiki com a técnica *Ketsueki Kokan*?
Resposta: Existem dois procedimentos, o *Hanshin Ketsueki Kokan-Ho* e o *Zenshin Ketsueki Kokan-Ho*.

"Não há sacrifício que pague a recuperação da saúde."
Johnny De' Carli

Pergunta: O que significa *Hanshin Ketsueki Kokan-Ho*?
Resposta: É um método para estimular a autorenovação do sangue pela metade do corpo, isto é, despe-se a parte superior do corpo.

Pergunta: Como é feito um tratamento de Reiki com a técnica *Hanshin Ketsueki Kokan*?
Resposta: Na parte superior das costas, alisa-se do centro para as laterais (tanto à direita quanto à esquerda, ao mesmo tempo) de 10 a 15 vezes; em seguida, com os dois dedos toca-se a coluna vertebral em ambos os lados, alisa-se no sentido de cima para baixo, até o osso do quadril e, aqui, pressiona-se fortemente (há um ponto onde não sente dor). Repete-se isso umas 15 vezes e a pessoa que está realizando o procedimento deve prender a respiração em todas as vezes.

Pergunta: A técnica *Hanshin Ketsueki Kokan* pode ser utilizada em crianças?
Resposta: Sim, é eficaz com crianças, pode-se fazer na hora do banho.

Pergunta: O que significa *Zenshin Ketsueki Kokan-Ho*?
Resposta: É um método para estimular a autorenovação do sangue pelo corpo inteiro. Esse trata a cabeça (aproximadamente 5 minutos), ambos os braços, coração, estômago e intestino. Alisam-se ambas as pernas, da coxa até a ponta dos pés, várias vezes.

Pergunta: A técnica *Zenshin Ketsueki Kokan* demora quanto tempo?
Resposta: Todo o processo deve durar cerca de 30 minutos.

Pergunta: O que significa *Nentatsu*?
Resposta: Significa transmissão de pensamento. O *Nentatsu* é um método que faz com que aquilo que você tem em mente seja transmitido à outra pessoa. O *Nentatsu* é um método de transmissão para o subconsciente do paciente.

> "Sonhos de recuperar a saúde são fáceis;
> transformá-los em realidade tem seu custo."
> JOHNNY DE' CARLI

Pergunta: Como os Membros da *"Usui Reiki Ryoho Gakkai"* abordam a ação da mente na saúde do corpo físico?

Resposta: Os Membros da *"Usui Reiki Ryoho Gakkai"* apresentam, como exemplo, o grande filósofo alemão Immanuel Kant, que ensinou a teoria do conhecimento da existência, a filosofia transcendental. Kant tinha raquitismo de nascimento e era corcunda. Exatamente aos 17 anos de idade, tinha um crescimento de uma criança normal de cerca de 5 a 6 anos e, além disso, tinha uma saúde frágil. Os pais, muito preocupados, receberam um diagnóstico médico com uma "expectativa de vida de alguns meses." O médico, com pena desse jovem, disse para o próprio: "dependendo dos cuidados da saúde, ainda estará bem por 6 a 7 anos." No entanto, Kant imediatamente disse: *"enquanto eu não me tornar alguém de sucesso, não morrerei."* As pessoas que estavam ao seu redor ficaram surpresas, e foi exatamente isso. Ele manteve a longevidade com seus 75 anos e tornou-se um grande filósofo. Esse é o resultado da fé intensamente sustentada por Kant, como um grande filósofo, e finalmente dominou a condição real da compreensão da existência da mente. Pode-se dizer que Kant mostrou ao mundo a prova de que a mente e o corpo têm um fluxo de ligação e, se o espírito do sujeito for forte, o seu corpo funciona de acordo com a mente.

Pergunta: É possível transferir um pensamento através da técnica *Nentatsu*?

Resposta: Sim, caso você faça meditação, conseguirá adivinhar o pensamento de uma pessoa que esteja projetando um mesmo pensamento e que esteja próxima a você. A energia Reiki, a mente, transcende o tempo e espaço, não há distância. Quando fechamos os olhos, a distância desaparece e torna-se livremente flexível no mundo espiritual. Isto é, podemos dizer que é a atuação do sexto sentido

"A recuperação da saúde deve sempre implicar na remoção daquele erro básico que cometemos."
Johnny De' Carli

refletida no subconsciente. Desde antigamente, por exemplo, quando uma criança pressentia a morte de seus pais, pela energia presente desse pensamento, apresentava-se inquieta.

Pergunta: Qual é importância da técnica *Nentatsu*?

Resposta: Em geral, o Reiki é uma terapia para a mente, que é muito eficaz, influenciando a natureza do estado mental do paciente. Por isso, com a compreensão por parte do paciente, através do *Nentatsu*, torna-o seguro e com mais vontade, e isso é muito importante. Essa influência sobre o pensamento da pessoa, na qual se projeta o que se tem em mente, tem sido comprovada psicologicamente. Quando o *Nentatsu* é eficaz, o paciente fica aliviado no tratamento.

Pergunta: Como é feita a técnica *Nentatsu*?

Resposta: Ao aplicar a energia Reiki em um doente na região da testa, na borda onde cresce o cabelo. Por exemplo, em paciente com doença grave, transmite-se o pensamento de *"a doença vai ser curada."* Também podem ser transmitidos os Cinco Princípios do Reiki. Na prática, sempre se coloca a mão na parte anterior e superior da cabeça, onde cresce o cabelo, e se faz o *Nentatsu*.

Pergunta: Qual é frequência ideal e o tempo de aplicação da técnica *Nentatsu*?

Resposta: Pode-se realizá-la em apenas 1 a 2 minutos, sendo isso o suficiente. Em caso de paciente com doença grave, é melhor sempre fazer o *Nentatsu* a cada tratamento. Naqueles de doenças leves, não precisa fazer sempre. Iniciar colocando a mão na parte lesada e fazer o *Nentatsu* de 1 a 2 minutos.

"A harmonia se instaura em você através do seu pensamento. O antecessor de cada ação é um pensamento."
JOHNNY DE' CARLI

Pergunta: A técnica *Nentatsu* sempre funciona?

Resposta: Nem sempre, se não houver alguma convicção, além de não se empenhar com sinceridade no tratamento, o doente vai sentir essa insegurança e relutará. Se tiver com pensamento ruim, o resultado também não será bom.

O tratamento realizado com sinceridade irá gerar confiança, tranquilidade (paz de espírito) e sentimento de gratidão no doente.

Os tratamentos que os grandes sacerdotes e sábios dos tempos antigos faziam eram eficazes porque, realmente, a natureza de uma personalidade nobre refletia diretamente na alma do paciente.

1.28 Tratamentos específicos

Pergunta: Qual é a sequência recomendada para aplicação de Reiki para insônia e para neurose?

Resposta:

a) Sobre os olhos;

b) Na parte posterior da cabeça (no homem, aplicar também no estômago; na mulher, no útero);

c) Sobre o coração;

d) Sobre o estômago e intestinos.

Pergunta: Qual é a sequência recomendada para aplicação de Reiki para hemorragia cerebral (derrame) e trombose cerebral?

Resposta:

a) Hemiplegia (paralisia) à direita, aplicar sobre o lado esquerdo da cabeça e hemiplegia (paralisia) à esquerda, aplicar sobre o lado direito da cabeça;

> *"Quando você souber que tem alguma enfermidade física, poderá se preparar para sofrer ou para se recuperar."*
> JOHNNY DE' CARLI

b) Coração;
c) Aplicar sobre o estômago e intestinos;
d) Aplicar sobre os rins (limpa o sangue);
e) Aplicar sobre a parte com paralisia.

Pergunta: Qual é a sequência recomendada para aplicação de Reiki para arteriosclerose e hipertensão?
Resposta:
a) Aplicar sobre a cabeça;
b) Aplicar sobre o coração;
c) Aplicar sobre os rins.

Pergunta: Qual é a sequência recomendada para aplicação de Reiki para os olhos?
Resposta: Mesmo quando somente um olho esteja ruim, tratar os dois ao mesmo tempo (colocar a gaze ou papel para impedir a entrada de bactérias). Recomenda-se incluir uma massagem leve com o dedo em volta dos olhos. Na aplicação de energia Reiki:
a) Aplica-se sobre os globos oculares, cantos dos olhos próximos ao nariz e cantos externos dos olhos;
b) Para olhos com hiperemia (congestão sanguínea), recomenda-se realizar a Técnica *Tanden Chiryo* (tratamento para desintoxicar);
c) Aplicar sempre sobre o fígado.

"A doença é somente a ponta do iceberg."
Johnny De' Carli

Pergunta: Qual é a sequência recomendada para aplicação de Reiki nas orelhas?
Resposta:
a) Colocam-se os dedos médios das mãos dentro do canal de ambas as orelhas, deixando os demais dedos na frente e atrás do pavilhão auricular. Quando se sente o pulsar nos vasos sanguíneos na ponta dos dedos é porque está melhorando da doença;
b) Deixa-se a energia atuando na cavidade logo abaixo da orelha e no osso elevado atrás dela (é principalmente necessário em caso de otite média);
c) Quando se retiram os dedos da cavidade da orelha, recomenda-se exalar um sopro;
d) Os ouvidos e os rins possuem uma profunda relação, recomenda-se sempre aplicar sobre os rins.

Pergunta: Qual é a sequência recomendada para aplicação de Reiki no nariz?
Resposta: Observou-se que o nariz e o aparelho genital feminino possuem uma profunda relação.
a) Recomenda-se apertar levemente as asas do nariz com o polegar e o dedo médio; apoiar o dedo indicador entre as sobrancelhas;
b) Aplica-se na nuca (parte de trás do pescoço);
c) Aplica-se sobre o baço (flanco esquerdo).

Pergunta: Quanto tempo recomenda-se aplicar Reiki no nariz?
Resposta: A congestão nasal melhora com o tratamento de 15 minutos. Pólipos (tumores benignos) nasais e empiema (acumulação de pus) requerem um período de tempo considerável. Se forem tratados com todo o empenho, terão uma recuperação completa.

> *"As doenças, em sua maioria, são as consequências das descargas energéticas das emoções inferiores pessoais."*
> Johnny De' Carli

Pergunta: Para doenças em geral no nariz, há mais alguma recomendação para aplicação de Reiki?

Resposta: Sim, para doença relacionada ao nariz, tem bastante efeito fazer o tratamento no baço. É um órgão que produz sangue localizado no flanco esquerdo, à esquerda do estômago.

Pergunta: Quais são as posições recomendadas para aplicação de Reiki para dor de dente?

Resposta: Recomenda-se aplicar o Reiki no local dolorido pelo lado de fora, além disso, tratar a parte traseira do osso maxilar inferior, onde estão os gânglios linfáticos.

Pergunta: Em casos de dor de dente, onde se percebe o *Byosen*?

Resposta: Especialmente quando a gengiva está pulsando, é porque muitas vezes o *Byosen* manifesta-se debaixo das orelhas. Sentimos também o *Byosen* na raiz do dedo mínimo e do dedo anelar.

Pergunta: Qual é a posição recomendada para aplicação de Reiki em problemas na boca?

Resposta: Recomenda-se pôr ambos os lábios entre os dedos e aplicar o Reiki.

Pergunta: Em casos na boca, onde se percebe o *Byosen*?

Resposta: Quando aparece a afta, o *Byosen* manifesta-se muitas vezes no arco do pé.

Pergunta: Quais são as posições recomendadas para aplicação na língua?

Resposta:
a) Aplica-se o Reiki colocando uma das mãos na língua, com uma gaze, e a outra mão na base da língua, parte inferior da garganta;
b) Recomenda-se aplicar também no arco do pé.

"*Não há riqueza igual à saúde do corpo.
Sem saúde a vida torna-se insuportável.*"
Johnny De' Carli

Pergunta: Quais são as posições recomendadas para aplicação na garganta?
Resposta:
a) Aplica-se colocando levemente as mãos na garganta;
b) Aplica-se na nuca (parte de trás do pescoço);
c) Em caso de amidalite, recomenda-se fazer o tratamento como se enganchasse as mãos no queixo. É uma doença fácil de curar, porém pode ocorrer febre alta, então, fazer o tratamento em conjunto aplicando também sobre os rins;
d) Para problemas na tireoide, aplicar em torno de uma saliência, onde ficam as cordas vocais.

Pergunta: Em caso de tosse, quais são as posições recomendadas para aplicação de Reiki?
Resposta:
a) Em tosse, aplicar na garganta ou na parte superior do tórax. A tosse do resfriado é, em geral, na garganta;
b) Asma, coqueluche e tosse de traqueia, fazer o tratamento no peito. Se os sintomas forem muito fortes, tratar a boca do estômago. Se possível, deve-se evitar comer batatas.

Pergunta: Em caso de doenças pulmonares, quais são as posições recomendadas para aplicação de Reiki?
Resposta: Para doenças pulmonares, caso o Reikiano não possua a informação, deve perguntar ao médico o local que foi acometido da doença, e tratar pacientemente por um logo tempo. Não se esquecer de tratar colocando a mão na região das costas.

> *"Preservar a saúde é mais fácil que tratar as doenças."*
> Johnny De' Carli

Pergunta: Quanto tempo recomenda-se aplicar Reiki em caso de doenças pulmonares?
Resposta: Exige um esforço de 6 a 9 meses.

Pergunta: Qual é a posição recomendada para aplicação de Reiki na traqueia?
Resposta: Recomenda-se aplicar em cima das clavículas.

Pergunta: Quais são as posições recomendadas para aplicação de Reiki no coração?
Resposta: Para se aplicar o Reiki, faça o tratamento abaixo da mama esquerda e na coluna vertebral; no início deve-se começar com um curto período de tempo e, então, aumentar gradativamente. É necessário tomar cuidado, porque o coração é muito sensível, recomenda-se evitar colocar a mão diretamente no coração, aplica-se o tratamento de lado (face lateral) ou na parte de trás do mesmo. Caso haja uma reação com grave palpitação, recomenda-se tratar enquanto esfria o local com uma toalha molhada.

Pergunta: Há experiências de aplicação de Reiki no coração de crianças?
Resposta: Sim, são muitos os casos de problemas do coração em crianças fracas; há, então, a necessidade de tratá-las.

Pergunta: Qual é a posição recomendada para aplicação de Reiki nos seios?
Resposta: Recomenda-se fazer o tratamento cobrindo o seio com a palma da mão. Para aquelas que amamentam, trata-se segurando por baixo (poderá haver reações).

"A boa saúde sempre dependerá muito mais de cuidados preventivos do que de médicos."
Johnny De' Carli

Pergunta: Quais são as posições recomendadas para aplicação de Reiki em problemas no estômago?
Resposta:
  a) Em doença gástrica aguda, faz-se o tratamento na boca do estômago;
  b) Quando é crônico, levanta-se o polegar da mão direita na boca do estômago, deitar a palma da mão na barriga, essa é aproximadamente a localização do estômago. Faz-se o tratamento nesse ponto;
  c) Em caso de gastroptose (deslocamento do estômago para baixo), apesar de o estômago estar mais caído, recomenda-se fazer o tratamento desse mesmo modo anteriormente citado.

Pergunta: Problemas no estômago podem ter origem no fígado?
Resposta: Sim, problemas no fígado interferem no estômago.

Pergunta: Problemas no estômago com origem no fígado, como se deve proceder?
Resposta: Recomenda-se realizar o *Ketsueki Kokan-Ho* (técnica de autorenovação do sangue). Recomenda-se fazer também o tratamento no local que fica entre as escápulas.

Pergunta: No caso de dores localizadas do lado inferior esquerdo no estômago, como se deve proceder?
Resposta: Deve-se ter cuidado quando há dor do lado inferior esquerdo do estômago, pois há bastante incidência de caso de câncer do estômago e úlcera gástrica. Quando há úlcera gástrica, recomenda-se fazer o tratamento na cabeça, conscientizando o paciente. Com a prática, deve-se observar o estado da doença; sendo algo leve, recomenda-se tratar a cabeça e o estômago; se for algo mais complicado, recomenda-se tratar os rins em conjunto.

> *"A doença faz da saúde algo muito mais valorizado."*
> Johnny De' Carli

Pergunta: No caso de doença gástrica em pessoas que perderam peso, como se deve proceder?
Resposta: Recomenda-se fazer o tratamento na parte de trás, nas costas.

Pergunta: É importante aplicar energia Reiki no intestino?
Resposta: Sim, há uma variedade de doenças como diarreia, constipação (prisão de ventre). No intestino se produz sangue, então, não se deve negligenciar, sempre se realiza o tratamento do intestino. O intestino é considerado o nosso segundo cérebro.

Pergunta: No caso de constipação, como se deve proceder?
Resposta: Em caso de constipação, além de fazer o tratamento na região abdominal, recomenda-se tratar por cerca de 30 minutos na parte mais baixa, no osso sacro (o sacro é um osso grande e triangular localizado na base da coluna vertebral e na porção superior e posterior da cavidade pélvica). Tem efeito imediato em constipação de bebês.

Pergunta: No caso de catarro do intestino grosso, como se deve proceder?
Resposta: Para catarro do intestino grosso, recomenda-se fazer o tratamento no colón ascendente, colón descendente e colón transverso e, especialmente, tratar com cuidado o canto do intestino.

Pergunta: No caso do intestino delgado, como se deve proceder?
Resposta: Para o intestino delgado, recomenda-se fazer o tratamento colocando a mão na região abaixo do umbigo, bem no meio. Não se esquecer de tratar também a coluna vertebral.

"*A saúde, o conhecimento e a sabedoria sempre serão pretendidos.*"
Johnny De' Carli

Pergunta: O que pode ser quando se sente o *Byosen* na região do umbigo?
Resposta: No umbigo, sentimos muito o *Byosen* de vários órgãos internos. Em particular, se a área ao redor do umbigo estiver rígida, há evidências de que alguns lugares com relação aos órgãos internos estão ruins; então, recomenda-se tratar com essa intenção o coração, os pulmões, o fígado, os rins, o baço e o pâncreas.

Pergunta: É importante aplicar energia Reiki no fígado?
Resposta: Sim, o fígado fica localizado à direita do estômago, a metade fica na parte interna das costelas e a outra, na parte inferior. Quando nos sentimos cansados, o tratamento no fígado ajuda na recuperação.

Pergunta: Em quais sintomas se recomenda aplicar energia Reiki no fígado?
Resposta: Recomenda-se realizar o tratamento no fígado, principalmente, quando:

a) Os olhos ficam cansados;

b) Em caso de cálculo biliar e icterícia (coloração amarelada da pele); recomenda-se fazer o tratamento na frente e atrás;

c) Quando apenas o ombro direito ficar rígido;

d) Tropeços (a pessoa que sofre de problemas no fígado tende a tropeçar). Recomenda-se fazer o tratamento no fígado e no coração (pelas costas).

Pergunta: Quais são as posições recomendadas para aplicação de Reiki em problemas no pâncreas?
Resposta: Para o pâncreas, recomenda-se tratar a boca do estômago e o umbigo. Para diabetes, recomenda-se colocar a mão nessa região, fará com que a cura seja rápida.

"A saúde não é um estado da matéria, mas do espírito."
Johnny De' Carli

Pergunta: É importante aplicar energia Reiki nos rins?
Resposta: Sim, sempre trate bem os rins porque dizem que *"quando o rim enfraquece, a visão sobre a vida escurece e desaparece o ânimo."* Quando o fígado se esforça muito ou adoece, afeta também os rins. Os rins estão localizados entre a costela e o osso do quadril, um lugar macio, em ambos os lados da coluna vertebral.

Em caso de doenças relacionadas com infecções na orelha (otite média) e zumbido, a recuperação é mais rápida se fizer o tratamento nos rins.

Pergunta: Em quais sintomas se recomenda aplicar energia Reiki nos rins?
Resposta: Recomenda-se sempre fazer o tratamento em caso de beribéri (doença nutricional causada pela falta de vitamina B1), hemorragia cerebral e neurose.

Pergunta: Quais são as posições recomendadas para aplicação de Reiki nos rins?
Resposta: Para os rins, recomenda-se fazer o tratamento na frente e atrás. Podem-se usar ambas as mãos.

Pergunta: Como é feita a aplicação de Reiki para pielonefrite crônica (inflamação do parênquima renal e da pelve devida à infecção bacteriana)?
Resposta: Aplica-se na região dos rins 1 ou 2 vezes. Após a aplicação, observou-se febre alta, seguida da cura completa.

"Ter saúde significa muito mais do que não apresentar nenhuma doença física."
Johnny De' Carli

Pergunta: Qual é a posição recomendada para aplicação de Reiki na bexiga?
Resposta: Para a bexiga, recomenda-se fazer o tratamento abaixo do umbigo, em cima do osso pubiano levantado (o mais anterior dos três principais ossos que formam a pelve ou pélvis). Em tempo de muito calor, as mulheres são facilmente afetadas.

Pergunta: Como é feita a aplicação de Reiki na uretra e testículos?
Resposta: Para a uretra e testículos, o tratamento é feito em cima da roupa.

Pergunta: Como é feita a aplicação de Reiki para enurese (ato de urinar na cama, dormindo)?
Resposta: Para enurese, recomenda-se tratar a cabeça e a bexiga. Pode ocorrer a sensação de *Byosen* no nariz.

Pergunta: O que se observou na aplicação de Reiki para problemas relacionados ao útero e aos ovários?
Resposta: Os casos são mais comuns em útero. Ao iniciar o tratamento, poderá aumentar o corrimento, mas quando esse processo encerra, observa-se uma recuperação completa. O tratamento feito no pré-natal e pós-natal tem efeito imediato. Para o útero antevertido e retrovertido, caso não tenha feito cirurgia, pode melhorar.

Pergunta: Como é feita a aplicação de Reiki para doenças relacionadas ao útero e aos ovários?
Resposta: Recomenda-se fazer o tratamento na região abaixo do umbigo e no osso pubiano. Quando o tratamento do útero se der na parte de trás, é bom fazê-lo na fenda interglútea.

Pergunta: Como é feita a aplicação de Reiki para dores menstruais?
Resposta: Recomenda-se também fazer o tratamento abaixo do abdômen, osso sacro e entre a vértebra lombar e o osso sacro.

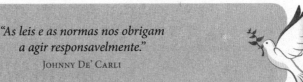

"As leis e as normas nos obrigam a agir responsavelmente."
Johnny De' Carli

Pergunta: Pode-se aplicar o Reiki em gestantes?
Resposta: Sim, fará muito bem ao desenvolvimento do feto.

Pergunta: Como é feita a aplicação de Reiki em gestantes?
Resposta: Quando a náusea matinal da gestante piora, recomenda-se fazer o tratamento no estômago e no útero.

Pergunta: Qual é a frequência de aplicação de Reiki recomendada para gestantes?
Resposta: Durante a gestação, recomenda-se fazer o tratamento 1 a 2 vezes por semana.

Pergunta: Pode-se aplicar o Reiki em recém-nascidos?
Resposta: Sim e quando o recém-nascido é pequeno, de 3 a 5 dias após o nascimento sendo tratado, observa-se um melhor desenvolvimento do que os bebês que nasceram grandes.

Pergunta: Pode-se aplicar o Reiki em gestantes com gravidez ectópica? (Esse é um problema que surge quando o óvulo fecundado implanta-se de forma equivocada em outras estruturas que não o útero. A forma mais comum é a gravidez tubária, que ocorre dentro das trompas de Falópio).
Resposta: Sim, observou-se que quando chega aos 5 meses, é comum dizer que não tem mais jeito, mas se realizar o tratamento com Reiki, as impurezas são expelidas. Nesse tipo de gravidez, o interior do útero torna-se pegajoso, porém, mesmo quando tem alguma ruptura, rapidamente o sangue é expelido. E, mesmo aquelas que foram desenganadas pelo médico, com 2 a 3 dias de tratamento, estarão completamente fora de risco e, a seguir, terão uma rápida recuperação.

"Esse ser completo que é o ser humano não pode funcionar de forma harmoniosa quando seus componentes estão em conflito."
JOHNNY DE' CARLI

Pergunta: Pode-se aplicar o Reiki durante o parto?
Resposta: Sim, observou-se que o andamento do parto é rápido.

Pergunta: Pode-se aplicar o Reiki em complicações do parto?
Resposta: Sim, observou-se uma ação positiva nos casos de feto invertido e casos em que o cordão umbilical fica enrolado no pescoço.

Pergunta: Como é feita a aplicação de Reiki para má posição do feto?
Resposta: Recomenda-se fazer o tratamento abaixo do abdômen, osso sacro e entre a vértebra lombar e o osso sacro.

Pergunta: O que se observou na aplicação de Reiki no pós-parto?
Resposta: Observou-se que a recuperação pós-parto é rápida. Normalmente, o útero se contrai depois de 12 a 13 dias após o parto. Se realizar o tratamento com a Terapia Reiki, o útero volta a ser como antes em torno de 3 a 4 dias após o parto.

Pergunta: Pode-se aplicar o Reiki em complicações do pós-parto?
Resposta: Sim, observou-se que a febre puerperal apresenta melhora (nome de uma doença comum pós-parto, que ocorria nas maternidades, matando milhares de mães e crianças).

Pergunta: Pode-se aplicar o Reiki em complicações no ânus?
Resposta: Sim, é bastante comum o caso dessa doença nos japoneses. O tratamento em fístula anal também tem uma melhora surpreendente.

Pergunta: Como é feita a aplicação de Reiki para problemas no ânus?
Resposta: Recomenda-se fazer o tratamento colocando-se um algodão hidrófilo ou gaze na parte enferma ou fazer em cima da roupa. Quando se tratar problemas no ânus, com o doente sentado, coloca-se a mão abaixo da base onde se senta para fazer o tratamento com mais facilidade. Para hemorroidas, faz-se o tratamento também no topo da cabeça.

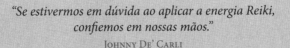
"Se estivermos em dúvida ao aplicar a energia Reiki, confiemos em nossas mãos."
Johnny De' Carli

Pergunta: O que se observou na aplicação de Reiki na coluna vertebral?
Resposta: Observou-se a ação positiva em todas as vértebras (7 vértebras da cervical, 12 vértebras da torácica e 5 vértebras da lombar).

Pergunta: Qual é a importância da coluna vertebral?
Resposta: A estrutura da coluna vertebral parece uma série de bambu, tem a importância de uma coluna mestra de uma casa. Apoia os homens das pernas até o topo. Vinte das vértebras estão ligadas por cartilagem e, na parte inferior, estão juntos o osso sacro e o cóccix. Em humanos, na origem da vida, a primeira região a ser formada é a coluna vertebral. Em seguida, o coração e a cabeça, em uma ordem. E não é exagero dizer que *"a deformação na coluna vertebral é a fonte de todos os tipos de doenças."* Na *"Usui Reiki Ryoho Gakkai"* prega-se: *"É importante que os Membros desta Associação sempre mantenham a postura correta. Todas as pessoas que tiverem a coluna vertebral deslocada deverão ser imediatamente corrigidas."*

Pergunta: Como identificar esse deslocamento da coluna vertebral?
Resposta: Verifica-se com os olhos ou alisa-se com os dedos, colocando-os em ambos os lados da coluna vertebral, friccionando-os.

Pergunta: Como se pode corrigir um deslocamento da coluna vertebral?
Resposta: Se o osso estiver fora do lugar, com os 3 dedos, calmamente, colocados sobre o osso, tratá-lo naturalmente. O osso dessa parte vai se mover no seu devido lugar e surpreendentemente ele pode ser facilmente corrigido (não se pode colocar muita força).

"No Reiki, os resultados melhoram quando se melhora a precisão."
JOHNNY DE' CARLI

Pergunta: Como é feita a aplicação de Reiki quando a doença é desconhecida?
Resposta: Recomenda-se aplicar o Reiki nos seguintes órgãos: cabeça; coração; coluna vertebral; estômago; intestinos e nos rins. Recomenda-se também o *Tanden Chiryo-Ho* (tratamento para desintoxicar).

Pergunta: Como é feita a aplicação de Reiki para nevralgia e reumatismo?
Resposta: Recomenda-se aplicar o Reiki nos seguintes órgãos: cabeça (em especial a parte de trás) e no local dolorido (quando se realiza o tratamento, pode ocorrer uma reação aumentando mais ainda a dor. Deve-se continuar o tratamento; exige um pouco de paciência).

Pergunta: Como é feita a aplicação de Reiki para febre?
Resposta: Recomenda-se aplicar o Reiki na cabeça e na boca do estômago. Ao se aplicar o Reiki no topo da cabeça, observou-se diminuição da febre.

Pergunta: Como é feita a aplicação de Reiki numa pessoa com constipação intestinal?
Resposta: Recomenda-se aplicar o Reiki no estômago, nos intestinos, nas vértebras lombares e no osso sacro.

Pergunta: Como é feita a aplicação de Reiki numa pessoa com soluços?
Resposta: Soluço é o espasmo do diafragma. Recomenda-se abaixar as mãos da pessoa e aplicar o Reiki no estômago e na região central da cabeça.

Pergunta: Como é feita a aplicação de Reiki numa pessoa com asma?
Resposta: Recomenda-se aplicar o Reiki na cabeça (tratar também o nariz); no peito (no coração e na parte superior de ambos os peitos/mamas); na boca do estômago e no estômago (são grandes as influências do estômago); nos rins (os rins podem ser umas das principais causas

"O Reiki existe! Aconteça o que acontecer, lembre-se sempre disso."
JOHNNY DE' CARLI

da asma). Quando estamos na metade do tratamento, a reação pode tornar-se mais forte, então é melhor deixar o paciente ciente. Costuma levar consideravelmente mais tempo, mas continue pacientemente o tratamento. Durante a crise, deve-se empenhar na aplicação. Durante o tratamento, deve-se evitar o consumo de derivados de batatas por 1 ano.

Pergunta: Como é feita a aplicação de Reiki numa pessoa com mielopatia (qualquer distúrbio ou doença que afeta a medula óssea ou a medula espinhal)?

Resposta: Recomenda-se aplicar o Reiki na cabeça; na coluna vertebral e nos rins. Observa-se que embora esse tratamento leve um tempo considerável, fazendo pacientemente, certamente, ficará completamente curado. Não se pode desesperar com doenças ósseas.

Pergunta: Como é feita a aplicação de Reiki numa pessoa com diabetes?

Resposta: Recomenda-se aplicar o Reiki na cabeça; no coração; no fígado; no pâncreas; nos rins; no estômago e nos intestinos. Recomenda-se o tratamento no corpo todo com a Técnica *Zenshin Ketsueki Kokan*. Observou-se que ao medir o nível de açúcar antes de realizar o tratamento, conforme foi se realizando, gradualmente o nível de açúcar foi diminuindo. Recomenda-se informar o paciente da situação, despertando, assim, uma esperança no mesmo.

Pergunta: Como é feita a aplicação de Reiki numa pessoa com beribéri? (É uma doença nutricional causada pela falta de vitamina B1 – tiamina – no organismo, resultando em fraqueza muscular, problemas gastrointestinais e dificuldades respiratórias).

Resposta: Recomenda-se aplicar o Reiki na cabeça; no coração; no estômago; nos intestinos (quando se trata de beribéri, o estômago fica muito rígido parecendo uma tábua/placa) e em algumas partes dormentes nas pernas e pés, em caso de inchaços nas pernas.

"Não seja indiferente às situações alheias difíceis.
Seja solidário, tenha amor ao próximo."
JOHNNY DE' CARLI

Pergunta: Como é feita a aplicação de Reiki numa pessoa com doença de Basedow Graves (também denominada bócio tóxico difuso, é uma doença autoimune que afeta a tiroide)?
Resposta: Recomenda-se aplicar o Reiki na cabeça; nos olhos; na garganta (tireoide); no útero (mulheres) e no coração. Recomenda-se fazer o tratamento na metade do corpo *(Hanshin Ketsueki Kokan-Ho)*.

Pergunta: Como é feita a aplicação de Reiki numa pessoa com cortes e feridas?
Resposta: Recomenda-se aplicar o Reiki colocando a mão no lugar onde está a ferida. Quando a artéria estiver sangrando, realizar o tratamento após estancar o sangue. Observa-se que como um milagre para de sangrar e a dor cessa.

Pergunta: Como fazer aplicação de Reiki numa pessoa com queimaduras?
Resposta: Observa-se que, quando tratamos diretamente, é muito dolorido. Recomenda-se manter uma distância de 4 a 5 cm. Aguarde a dor cessar, coloque uma gaze e realize o tratamento diretamente. Observou-se que marcas de queimadura extremas não permaneceram.

Pergunta: Como é feita a aplicação de Reiki numa pessoa com ulceração de pele causada pelo frio?
Resposta: Recomenda-se realizar o tratamento colocando a mão na parte afetada. Se ainda estiver no início, geralmente, é curada em uma única aplicação.

Pergunta: Como é feita a aplicação de Reiki numa pessoa com espinho?
Resposta: Observou-se que enquanto realizamos o tratamento, o espinho sai naturalmente. Quando a espinha de peixe fica espetada na garganta ou, quando algo fica encravado, recomenda-se não entrar em pânico. Deve-se fazer o tratamento pelo lado de fora da

"Trabalhar para o bem do próximo não é só tarefa dos religiosos e, sim, de todos nós".
Johnny De' Carli

garganta. Observou-se que há momentos que, juntamente com a tosse, acaba expelindo.

Pergunta: Como é feita a aplicação de Reiki numa criança com choro noturno?
Resposta: Quando o choro vem de repente, intensamente, recomenda-se aplicar o Reiki no estômago e nos intestinos. Quando o choro é contínuo, aplica-se na cabeça.

Pergunta: Como é feita a aplicação de Reiki numa pessoa com "ranger dos dentes" (também chamado de bruxismo)?
Resposta: Recomenda-se realizar o tratamento na cabeça.

Pergunta: Como é feita a aplicação de Reiki numa pessoa com "ronco alto"?
Resposta: Recomenda-se realizar o tratamento na cabeça (especialmente a nuca) e no nariz.

Pergunta: Como é feita a aplicação de Reiki numa pessoa com coqueluche?
Resposta: Em adultos ou crianças, a tosse é neurogênica (de origem nervosa). Recomenda-se aplicar o Reiki na cabeça; no estômago; nos intestinos; na garganta; no peito; boca do estômago e nos rins.

Pergunta: Pode-se aplicar o Reiki em difteria (doença infectocontagiosa causada pela toxina do bacilo *Corynebacterium diphtheriae*, que provoca inflamação e lesão em partes das vias respiratórias e, às vezes, da pele)?
Resposta: Sim, mas antes de tudo, deve-se tratar com a injeção de soro. As crianças de 1 ano até a idade escolar são suscetíveis; há o

"Procure estar presente,
quando as pessoas precisarem de você."
JOHNNY DE' CARLI

aparecimento de febre, as amígdalas incham, produz uma membrana branca na mucosa da garganta e a tosse sai como se fosse um apito.

Pergunta: Como é feita a aplicação de Reiki numa pessoa com difteria?
Resposta: Recomenda-se realizar o tratamento na cabeça; na garganta; no peito; no estômago; nos intestinos e nos rins. Recomenda-se fazer o tratamento *Tanden Chiryo-Ho*.

Pergunta: Pode-se aplicar o Reiki em uma pessoa com sarampo?
Resposta: Sim, mas é bom ter em mente que no início do sarampo, a febre não diminui; pelo contrário, eleva. Mesmo utilizando a técnica para abaixar a febre, no caso de não acontecer, pode indicar ser mesmo o sarampo.

Pergunta: Como é feita a aplicação de Reiki numa pessoa com sarampo?
Resposta: Recomenda-se realizar o tratamento na cabeça; no estômago; nos intestinos; no coração e nos locais com erupção cutânea.

Pergunta: Como é feita a aplicação de Reiki numa pessoa com luxação (deslocamento de ossos com relação ao seu ponto de articulação normal)?
Resposta: Recomenda-se aplicar o Reiki colocando a mão no local onde o osso deslocou, ele se encaixará naturalmente.

Pergunta: Pode-se aplicar o Reiki em ossos fraturados?
Resposta: Sim, mas somente depois de passar pelo ortopedista e fazer o procedimento médico.

Pergunta: Como é feita a aplicação de Reiki num osso fraturado?
Resposta: Recomenda-se aplicar o Reiki colocando a mão no local onde o osso fraturou.

> *"Em todo lugar haverá sempre alguém que necessita de você."*
> Johnny De' Carli

Capítulo 2

Reiki Ryoho No Shiori
(Documento original em Japonês)

=会員のために=

霊気療法のしおり

心身改善 臼井霊気療法学会編

> *"O Reiki é um caminho seguro de evolução espiritual, funciona como um farol que nos leva de volta à Grande Luz."*
> Johnny De' Carli

はじめに

臼井霊気療法は、精神療法の一種でして、病気にならないように、日頃から心身を強健に保ち、また、不幸にして病気になった場合でも、ほとんど医薬に頼らないで、治癒する方法であります。すなわち、霊気療法は、人間の潜在意識に作用して、それぞれの人の身体に持っている、病気治癒能力＝自己療能、の自然の働きに、強い援助を与えて、病気の予防や、治病しようとするのです。

霊気療法が、人間の霊気によって、自己療能を高めることであるからには、老・若・男女を問わず誰にでもできることであり、その弊害は、全然ありません。誰も、一ぺんこの療法を得ますと、その効果の素晴らしいのに驚くのであります。

さて、それでは、霊気療法とはどんなものであるかと云うことを現代の若い人達にもよく理解できるように、本会の各師範の方々の著書や、口伝や、体験談等を基本にして、まとめたものが、この"しおり"です。

— 1 —

"Muitos caminhos levam à casa do Pai.
O método Reiki é apenas mais um."
JOHNNY DE' CARLI

よくお読みいただいて、自己の心身改善を一日も早く修得されるとともに、多くのお知り合いの方に、この素晴らしい霊気療法を知ってもらって下さい。

昭和四十九年九月

心身
改善

臼井霊気療法学会本部

会長　和波豊一

"Todos os amorosos caminhos do bem levam a Deus.
O caminho do Reiki é apenas mais um."

Johnny De' Carli

目次

はじめに	7
本会の意義	8
本会の歴史	13
本会の組織	16
本会での修養法——二つの目安	16
雑念をはらう	18
教義五戒の説明	37
霊気が強くなる方法——本会修養行事について	37
精神修養を積むこと	37
霊授を受けること	42
臼井先生の厳命と教訓	

— 3 —

"O Reiki é expansão da consciência, com a cura como efeito colateral."
JOHNNY DE'CARLI

霊学講座の数々	49
霊気の存在	49
霊気の働きについて	51
体は魂のままに動く―純心無垢になれ	54
立派な霊能者とは	57
明治天皇とジョンバチェラー博士のこと	59
自然治癒能力について	60
治療に当っての心得	62
治療の心得	63
霊気療法の特徴	66
病腺	66
毒下し	67
交血法	68

— 4 —

"Uma das doutrinas do Reiki é aceitar a responsabilidade sobre sua própria saúde."
JOHNNY DE' CARLI

念達……………………………………… 69
体験を多く重ねること………………… 71
反応……………………………………… 74
医師に対する注意……………………… 75
霊気療法は人間に限らず万物に効果あり… 76
霊気療法指針の説明…………………… 78
首から上の部…………………………… 78
内臓……………………………………… 83
諸疾患…………………………………… 92
おわりに……………………………… 100

"O Reiki, como toda a verdade, também passou por três etapas. Na primeira, foi ridicularizado. Na segunda, foi duramente questionado. Na terceira, passou a ser aceito como real no meio científico."

JOHNNY DE' CARLI

本会の意義

臼井霊気療法は、第百二十二代明治天皇のお作りになった数多くの和歌の中から、百二十五首を選出して心の糧とし、肇祖(ちょうそ)臼井先生の教えである五戒を、日々守り、自己の心身の練磨向上を計りながら、自他の健康保持と、家庭・社会・国家・世界の平和と繁栄と幸福を増進させることを目的としています。

— 7 —

"No Reiki aprende-se a cultivar o altruísmo e os bons costumes."
JOHNNY DE' CARLI

本会の歴史

臼井甕男先生（一八六五〜一九二六）は、青年時代、苦学をしながら欧米に留学され、職業も、官吏・会社員・新聞記者・布教師・教誨師・実業家などあらゆる人生経験を積まれ、社会の裏・表の内情を肌で感じつつ、
「人生とは？」
と言う大問題に取り組まれたのでした。
「人生の窮極は、安心立命を得ることだ」と第一の悟りを開かれたのです。以来、禅門に入り、約三か年の修業をされましたが、次の悟りが仲々得られず、思い余って身の処置を師に相談されました。師は、直ちに
「一度死んでごらん」
と返答したとのことです。
先生は、なかなか悟れず、師から「死ね」と云われ、「も早これまで」と覚悟し

"O Reiki é um tipo de óleo que lubrifica as engrenagens da vida."
Johnny De' Carli

て、早速、京都・鞍馬山の奥五里(二〇粁)の山中に籠って断食を開始されました。三週間目の真夜中頃、頭脳のど真中に落雷を受けたような強烈な衝動を感受し、そのまま、前後不覚に陥ったのです。

ふと気が付いたのは朝が白々と明け始めた頃で、その目ざめは今まで味わったことのない、実に心身爽快な気分であったと聞きます。多分この時、強烈な宇宙霊気を、心身に感受されたものと思われます〔大正十一年四月(一九二二)〕。

下山の途中、石につまづいて、足の指を怪我されたとき、手を当てて治療したのに始まり、さらに工夫研究の後、これを多くの人々に伝授する方法を発見されたのです。

先生は、私欲なく、虚心胆懐で、何時でも何処でもただちに無我の境地に入ることができました。

先生は、断食修業が終ったとき、宇宙の霊気と、体内の霊気が相互交流する――「宇宙即我」「我即宇宙」の超霊感を受けられたのです(大宇宙と、人体は全く同一

— 9 —

"O Reiki existe! Aconteça o que acontecer, lembre-se sempre disso."
JOHNNY DE' CARLI

のものと言うこと)。

大正十一年四月、この喜びを独占することはできないとして、霊気療法の教義を作って、本会を創設されました。

先生は、

「霊気療法には、むづかしい理窟はいらない。自分の最も近い所に真理が含まれている。ただ、手を当てて病気などが治るということは、まだ現代科学では証明されていない。けれども、実際は病気は治る。

人は、『そんな馬鹿なことがあるものか』と言うであろう。私は、気の毒ながら、云った人は、自分の無智を自ら表明するものである。」

と嘆いておられました。

しかし、先生は、

「この霊気療法は、何時の日か、きっと科学的に証明される時期がくるに遅いない。現代の人智程度では、説明より実証が先に現われたという以外にはない。」

— 10 —

"O Reiki está sempre presente, é um bom e confiável amigo, ao qual podemos recorrer a qualquer hora, se estivermos bem ou mal. Ele nos aceita como somos."

Johnny De' Carli

と、確信を以って述べておられます。

現に、分子学・原子学・電子学などの研究により、学問として、また実際に解明されております。各学者の間で、次は霊子学の新分野に取り組んでいる人もあります。

先生の身を捨てての御修業の結果、本会に残された三大発見の治療法があります。

1、血液交換法
2、丹田治療法
3、病腺霊感法

これは、万物とくに人類のためには特筆すべきもので、他の部門にはありません。素晴らしい発見であり、とくに病める者にとっては光明であります。

最初に霊授をされた場所は、東京渋谷の原宿でした。

— 11 —

"Aceite o Reiki como uma parte integrante de sua vida."
Johnny De' Carli

以来、五十余年間、限りない多くの人々の病める肉体と、迷える心を救い続け、今日もなお、多数の会員が全国に拡がって活躍を致しております。

"Os pesquisadores do Reiki estão divididos em dois grupos: os que fazem as coisas e os que ganham os louros. Tente pertencer ao primeiro grupo, no qual a concorrência é bem menor."

Johnny De' Carli

本会の組織

本会は、次のような仕組みをとっております。

六等　新入会者
五等　｝各自の修業によって
四等　｝師範の認定により授けられる。
三等　師範認定により奥伝々授
二等　現存者では該当なし。肇祖臼井先生のみ
一等　空位

三等で奥伝が伝授されます。

奥伝は、各自の修業の度合により、前期・後期に分けて授けられます。これが修了しますと、神秘伝が伝授されます。

これ等が修了しますと、現存師範の認定を得て、

— 13 —

"O Reiki não é o meio e nunca o fim.
É um novo começo."
JOHNNY DE' CARLI

師範格
師範
大師範

の称号が与えられます。

この中より、霊能が顕著で、治療の成果が優秀で、本会のために、いろいろ貢献をされた会員を次のように選び出します。

会　長　1名
理　事　5名
評議員　14名
幹　事（庶務会計）　1名

これらの人が、会の運営を行ないます。

［注］ここに言う等位は、序列ではありません。あくまで、自己の厳しい修練により得るものです。
代々の会長は、常に本会々員の中で、臼井先生や、現存師範の人よりすぐれた霊能者の出現を

— 14 —

"No Reiki, a verdadeira sabedoria consiste em saber como aumentar nossa felicidade e bem-estar e a de nossos semelhantes."
JOHNNY DE' CARLI

望んでおられ、霊的向上に無限の修練を励げむように訓示されています。

奥伝は、発霊法・打手治療法・撫手治療法・押手治療法・性癖治療法（以上前期）・遠隔治療法（後期）等であります。

まず、初伝を受け、その成績顕著で霊気療法に熱心な人に伝授されます。

— 15 —

> "Utilizando o método Reiki, tornamo-nos adultos, porque assumimos a responsabilidade por nós mesmos."
> Johnny De' Carli

本会での修養法――二つの目安

1 雑念をはらう

明治天皇の御製を奉唱して、一刻前までの雑念一切をはらいます。

明治天皇の御製を奉唱する理由

第百二十二代明治天皇は、歴代天皇の中でも大変勝れた霊能を持っておられました。

天皇の御人徳は、太陽の光線のように、至る所に照りそそぎ、その感情は、大海原のように広く、その意志は大地のように慈愛の中にも不動の信念がめったと聞いています。

幕末から、国の内外で起ったいろいろの事件も、このような御人徳を磨き上げる試金石であり、大器晩成型の英主でありました。

当時の元老や、重臣達もまた、あらゆる苦難を経験した人格の持ち主が多かった

— 16 —

"No Reiki, aprende-se principalmente a viver no momento presente."

JOHNNY DE' CARLI

のですが、この人達が、天皇の御前に出ると、冬の最中でも、大汗を流したと聞きます。

これは、天皇という職制がそうさせたのではなくて、明治天皇個人の体から放射されている峻厳な霊気がそうさせたのでしょう。

当時、アメリカ大統領ルーズベルトが日本を訪問し、天皇と会見したときの模様を次のように述べています。

「グレートエンペラー明治の大人格は、古今東西を通じて、歴史上他に比較すものはないであろう。このように、明治天皇はグレートである。日本人は幸せである。

ただ、明治天皇を戴いているたけで、創造への道が開かれ、他の追従はあり得ない……」

と、心から明治天皇の御人格を質えています。

御仁徳高い明治夫星は、多言の人ではありませんでしたが、その心情を、何と十万余首の和歌に託しておられ、その一首、一首は、現代の文学史上でも大変素晴ら

"Inclusive no Reiki, quanto mais você der, mais receberá."
JOHNNY DE' CARLI

しいものとされています。
日露戦争終結後
四方の海、皆同胞と思う世に
など波風の立ちさわぐらん
と、かの有名な歌をよんでおられます。
本会の肇祖臼井先生は、このような明治天皇の御仁徳を、あたかも子が親を慕う如く慕われて、数多い御製の中から、百二十五首を選んで、精神修養の道に励む第一歩とされたのです。
これが、今日まで本会の良い伝統として残っているのです。
よい伝統は、守り続けましょう。

2　教義五戒の説明

「霊気療法必携」の第一頁にもあるように、

— 18 —

"No Reiki, a parte do conhecimento que ignoramos será sempre muito maior do que tudo que já aprendemos."
JOHNNY DE' CARLI

招福の秘法　　万病の霊薬
今日だけは
怒るな
心配すな
感謝して
業をはげめ
人に親切に
朝夕合掌して心に念じ
口に唱えよ
この五戒は、大宇宙の中の全人類の最高の教えであります。
今日だけは
人間は、過去のことをよく云々します。

— 19 —

"No verdadeiro Caminho do Reiki,
reter conhecimento é perecer."
JOHNNY DE' CARLI

「ああすればよかった」「こうしておけばよかった」、「あのときは成功した」「あの場合は成功しなかった」

など、愚痴っぽく思い出を語ることがよくあります。

昔、平清盛は、

「西に沈む太陽を、今一度東に引きもどせ」

と、わがままを申したそうです。

未来に向って前進しつづける人間はじめ、万物には、昨日という過去の我れはありません。

いくらじたばたしても、くやしがっても、懐かしんでも、過去は再び戻って来ません。

平家物語の初めに、

「諸行無常のひびきあり……」

と書かれていますが、宇宙・大自然は、刻々と変化をしているのです。従って、明

— 20 —

"Tudo no Universo emite reflexos de amor.
A essência principal da energia Reiki é o amor,
uma energia que não discrimina, não julga e não critica."

JOHNNY DE' CARLI

日という日に夢を託したとしても、私達凡人は明日には絶対に足を踏み入れることはできません。また、過去を再現することもできません。私達の生きているのは今日だけです。明日も、一週間も、一か月も、一年も、一生も今日の連続であり、今日の結果が明日に出てくるのですから、素直に、謙虚に反省しながら、生成発展する以外にはありません。

一瞬を、今を、一日を大切に生きようと言う教えです。

　　怒るな

もともと「怒り」は、一般動物の本能、すなわち先天的なもので、悪いことではない、と思っていました。

しかし、人間は善悪を見分ける後天的経験と、努力により、「怒り」は、第三者に不快感を与えるばかりでなく、自分をも害するから悪いことであることを知りました。

— 21 —

"No Reiki o lema é outro: quando o mestre está pronto, os alunos é que aparecem."
Johnny De' Carli

このことは、米国の心理学者、エルマーゲイツ博士の実験により、実証されたのです。

すなわち、液体空気（—147℃）の中にパイプを通し、「何の想念もない呼気」を吹き込むと、その呼気は冷却され、凝結して無色透明の結晶が出て来ました（冬の朝、屋内から、屋外に出て、深呼吸をすると、白い息が見られる現象と同じことです）。

この原理を応用して、さまざまの感情を持った呼気を装置の中に吹き込むと、次の表となりました。

諸種の感情	排出された結晶の色	利用結果（動物実験）
一、怒りの心	赤色	溶液を元気なモルモットに注射したところ六十匹死猛獣の五頭に注射……五分間で死
二、呪い、うらみの心	栗色	
三、後悔の念	ピンク色	モルモットに注射……「チック症」を呈す

— 22 —

"É impossível para uma pessoa aprender aquilo que ela acha que já sabe. Por esse motivo, muitos Mestres de Reiki entendem tão pouco sobre o Reiki."

Johnny De' Carli

四、希望のない心	灰色	モルモットに注射……神経障害
五、元気な心	緑色	
六、すがすがしい心	青色	
七、崇敬の心	すみれ色	瀕死のモルモットに注射したところ、六十四匹全部蘇生

この実験データの示しているように、結局、短気は損気であって、他人より与えられた損害に対して怒りを表わしたならば、（その損害）＋怒りによる損害となり、毒素が二倍となりますから、とくに、怒りの想念は、恐れ、つつしまなければなりません。

ただし、親が子を、教師が生徒に対して、愛情のムチを与えることは「叱咤激励」でなければならないはず。これが「怒り」の感情であれば、絶対と言ってよい程、慈愛の叱咤にはなりません。逆の結果を生じて、断絶の壁を作ってしまいます。

— 23 —

> "No Reiki, o conhecimento se adquire com os bons Mestres de Reiki e com a boa leitura; a sabedoria, na rotina da vida e observando o comportamento dos Reikianos humildes."
> JOHNNY DE' CARLI

私達は、万物の霊長であり、しかも霊能者ですから、「怒り」の想念は持ってはなりません。

「怒り」の感情は、霊の力で立派に整理ができるのです。整理ができれば、実に和かな毎日を送ることができます。

健全な健康長寿を望む人は、「怒り」は極力つつしんで、避けなければならないのです。

　　　心配すな

人間は、感情の動物と言われていて、瞬間的に、諸々の感情が湧いて来ます。とくに、心配事がありますと、心が萎縮し、活動力が鈍り、体内の各細胞の活力が低下減衰して、よく事業に失敗して、血の小便を出したり、病気に侵される機会ができます。

また、極端に病気を恐れたり、必要以上に心配をする間は、健康は望めません。

— 24 —

"A comunidade do Reiki é uma corrente única. Em respeito aos 5 Princípios do Reiki, os mais experientes têm o dever de fortalecer os aprendizes. Afinal, a força de uma corrente se mede sempre pelo seu elo mais fraco."

JOHNNY DE' CARLI

この「心配すな」とは、取越し苦労、すなわち、過去・現在・未来を結びつけて、いろいろ煩悶することを言います。

事業に対する計画、人生計画、その他有益な事を考えることを、本会では、「考慮」と言っています。

そして、特に病気についての取越苦労は、最も有害であるとしております。

元来、人間は大自然の恵みにより、この世に生かされているのですが、生・死は、自分の意志ではどうにも自由になりません。

何時までも健康で長生きをする懸命な努力は大切ですが、生身ですから、たとえ病気に罹っても、

「是非助かりたい、早く癒りたい」
「是非助けたい、早く癒したい」

と思っても、自己の意志では、どうすることもできないことがあります。結局「人事を尽して天命

その人の天命は、人智ではどうすることもできません。

— 25 —

"Reikianos, vocês são um exemplo, mesmo nos momentos em que não gostariam de sê-lo."
JOHNNY DE' CARLI

を待つ」ほか道はありません。

これを考えますと、心配も、恐怖も、無駄のように思います。自己制御の他はないのです。

病気を恐れたり、心配している間は決して治りません。恐れは、呼ぶ力があり、心配は引く力があります。呼べば、来るのが当然でして、心配をしないよう努力することが賢明と言えましょう。一

「杞憂」と言う言葉を御存知と思います。この語源は、昔、中国の杞と言う国の人で、大変取越苦労をする人がいました。

この人は、或るとき「天が落ちて来る」と思い込み、寝食を忘れて心配をしたといいます。仲間が、「天は気体であるから絶対に落ちない」と教え、やっと納得しました。

今度は、

"Todo Reikiano procura o equilíbrio físico, emocional, mental e espiritual através do uso correto dessas ferramentas maravilhosas que denominamos mãos."

JOHNNY DE' CARLI

「地が崩れてしまう」と言いだし、また心配をしました。
「地は、無限だから崩れることはない」と諭し、やっと納得をしたと言うことです。ずい分、心配症の人がいたものですね。この例から、心配したけれど、何ごとも無かったことを「杞憂であった」と言うのだそうです。世の中には、これに類した余計な心配をする人達は、大変多いのです。

次に、ドイツの、ベッテン・コーヘル博士は微生物についての大学者でした。博士は、助手のエンミッヒ君と、共にいろいろと研究実験の結果、病気の原因は、内的条件、いわば、病気の大部分が、自己の心理状態によることを主張していました。

ちょうどその頃、同国の細菌学者、コッホ博士が、コレラ菌を発見し、医学界のセンセーションを巻き起こしておりました。

— 27 —

"Reikianos, fazemos todos parte da mesma raça, a raça humana. A nossa verdadeira nacionalidade é a humanidade. Devemos participar da responsabilidade coletiva por toda a humanidade."
Johnny De' Carli

これを、ベッテンコーヘル博士は、反対説をもって反論、自論を証明するため、「コレラ菌」の培養液を飲んだのです。

周囲の人々は、「いくら自説を曲げないとは言え、コレラ菌を飲むとは無謀なことだ」と、呆れ驚いたものでした。

しかし、博士はその後何ら変化なく、コレラには罹病しませんでした。

一方、助手のエンメッヒ君も、同時にコレラ菌を飲んだのですから、とうとうコレラに罹ってしまいました。

これは、博士と助手の信念の差から、結果が違って出てきたものです。

心配は、大体、心の平静を打ち破り、冷静な判断を誤り、聡明さを欠きますから、実行の勇気を欠きます。

従って、人間は「心配」を、自己の修養によって絶対に避ける努力が必要なのです。

— 28 —

"Reikianos, não façam da solidariedade algo eventual, mas sim, permanente."
Johnny De' Carli

感謝

何事にも、感謝の心を持つことのできる人は幸福です。

しかし、感謝の心の持てない人は、豊かな、和やかな、生活のできない気の毒な人と思います。

「感謝」と言えば、直接自分が恩を受けたときとか、人から物を貰ったときの礼儀くらいに考えている人が多いことに気が付きます。

もちろん、これも当然、感謝の気持を現わすことですが、かりに、感謝の反対を考えて見ましょう。恩を受けなかったり、物を貰わなかったら、感謝をしないで良いものでしょうか。

本会での「感謝する」ことは、直接自分に対して、物品その他のやり取りのみの感謝ではなくて、大自然の恩、万物に対する感謝の念を申しているのです。

先にも述べましたが、人間は、万物の霊長ですから、修養の仕方によっては、神

— 29 —

"Reikiano, esteja sempre aberto ao ato de doar."
Johnny De' Carli

や、仏と同じ働きのできる人と成り得ます。このことに対しても、
「もったいない、ありがたいことだ」
と言う感謝の念が起きるはずです。
また、今日まで、比較的何不自由なく、健康に恵まれながら、生かされていることは、心から有難い、と思わずにはいれないことでして、山川草木禽獣鳥類すべてに至るまで、感謝をしないでは居れません。
古歌に
今日もまた箒(ほうき)とる手のうれしさよ
はかなくなりし人にくらべて
と詠まれております。
私達は、大宇宙の中に生かされております。従って、共に助け合い、修養し合っていかなければ、この社会での生活は成り立ちません。
どんな金持、地位の高いと思っている人でも、他人の協力があってこそなのです。

— 30 —

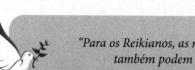

"Para os Reikianos, as mesmas mãos que afagam um bebê, também podem afagar toda a humanidade."
Johnny De' Carli

この相互協力にも、また感謝をすべきです。古来神ながらの道では
太陽の日の光の恩
月の水の恩
大地の恵みの恩
を教えております。
仏教では、
国の恩
父母（先祖）の恩
師友の恩
社会の恩
の四恩を教えております。
物質文明の世で、科学が進歩すればするほど
「俺が（私が）やったのだ」

"O verdadeiro Reikiano é uma fonte, nunca um ralo."
Johnny De' Carli

式の増上慢が多くなり勝ちで、結局、世の中がますます殺伐になって来るのです。生かされているすべてのものは、大自然の力に感謝し、周囲に感謝しながら、一歩報謝の行にまで自己が高められ、深められたとき、はじめて、国家・社会・世界の平和・家庭の幸福と繁栄が得られ、同時に自己の限りない発展が得られるのです。人間は、大自然から救われ放しなのです。感謝の念を常に持つように心掛けましょう。

業を励げめ

人間は、どんな人であっても、分に応じて職務が与えられております。人間のみならず大自然の中の万物は、すべて神仏の命に従って、自己に応じた業を営んでおります。

従って、自分の職業に忠実であれば、分相応の社会生活、ひいては家庭生活に恵まれるのです。

"A capacidade de estimular é um dos melhores benefícios que o Reikiano tem para oferecer."

Johnny De' Carli

これは、神仏の恩恵であり、真理なのです。

怠け心は、自分に対しては、不幸であり、社会に対しては、罪悪である、と言っても過言ではありません。真理でない生活には、苦難が伴ないます。

最近、怠惰と、息抜きを履き違えている人がありますが、怠惰は心を放縦にし、息抜きは、次の活力（エネルギー）を充電します。

人間にとって、どんなに老齢となっても、年令相応の働きをすることが、心身の安定を得て、自然長寿に恵まれます。

昔から、溜った水にはボーフラが湧き、手入れをしない田畑には草が生える、などと申します。

常に頭を使い、身体を使って、新陳代謝を良くすることは、どんな職務にも、精一杯の働きを忠実に行なうことなのです。

トーマス・カーライルは、

「諸君は、偉大な功業、偉大な名声等をこよなく望むであろう。しかし、ただ、手

― 33 ―

"Aos olhos de Deus, nenhum Reikiano neste planeta,
nem ninguém, é melhor do que você."
JOHNNY DE' CARLI

をこまねいていては、諸君の求めるものは決して近付かない。ただ、ささいな隠れたことに対しても、誠心誠意を傾けて行なうものには、招かなくても最後の勝利をもたらすことを忘れてはならない……」
と申しております。

日々の私達の職務に対する使命感と、行動力が「業を励め」と言うことなのです。

人に親切に

最近、「小さな親切心運動」というスローガンの下に、各所でいろいろ実践をしておられる方々があります。

「人に親切に」という本会の教えは、私達は、社会・自然の大恩に浴しながら、社会人として生活を営んでおります。従って、立派な社会人となるためには、まず、自己確立が大切となってきます。

如何なる人でも、孤独では、その人本来の総力を発揮することはもちろん、生活

"Um verdadeiro Reikiano jamais desiste dos seus bons ideais."
JOHNNY DE' CARLI

さえも成り立たないのです。
自己確立とは、複数によって、はじめて成り立つものですから、各方面からの相互助け合いがあって、始めて社会が生まれ、社会の福祉が構成されます。
従って、極端な利己主義な人は、社会共同生活の破壊者、と言わなければなりません。
他人の存在があって、始めて自分の存在が認められるのですから、自分に親切であるように、他人にも親切でなければならないのです。
ここで、誤解してはならないことは、親切とは、魂の問題であります。
とかく、世間には、「自分は貧乏だから、人に親切など、とても出来ない。」など、言われる人が多いのですが、これは大変な考え違いと申さなければなりません。
金品を与えることは、善いことをする一部ではありますが、金品（物質）のみで

— 35 —

"Reikiano, conserve as suas crenças sobre o Reiki, apesar das críticas que o cercam."
Johnny De' Carli

は、「こんなにしてやったのに、あのとき随分、助けてあげたのに……」など、ややもすると、偽善になるような考え方になることが多いのです。一卜言の助言や、忠告が、百万の財より有効な親切となることも、忘れてはなりません。
社会共同生活とは、相互親切の交換場であることを考え、他人に親切を尽すことは、人間としての義務であることを肝に銘じましょう。

— 36 —

"Lamentavelmente, é bem mais fácil parecer do que ser um bom Mestre de Reiki."
Johnny De' Carli

霊気が強くなる方法――本会修養行事について

霊気を強大にするのに次の方法があります。

1、**精神の修養を積むこと**

本会々員は、人格を高める程、霊気は強くなることを肝に銘じて下さい。およそ、大宇宙に充満している偉大な霊力によって、森羅万象は生成発展を遂げております。

人間は、小宇宙といわれ、この大宇宙の大精神を受けて居りますから、誰もが、その身体の中にこの大霊気の一部分を保有しているのです。従って、自己の精神を修養して宇宙の大霊気を沢山受けるように、常に心掛けることが肝要です。

2、**霊授を受けること**

霊授は型であって、次のように致します。

— 37 —

"O Mestre de Reiki mais consciente não é aquele que inicia mais Reikianos, mas aquele que se empenha em formar mais Mestres de Reiki."

JOHNNY DE' CARLI

◎雑念を払うこと

明治天皇の御製を奉唱して、一刻前までの雑念一切を払い去って霊授の準備をします。

イ、聖座

足の親指を重ねて座り、膝を男子は四十五度位に開き、婦人は、やや開き加減にして、その上に、上体を真直ぐに保ち、首を正しくして、軽く眼を閉じ、心を丹田に置きます。

このとき、全身の力を抜いて、自然に保つことが大切でして、固くなることはいけません。下あごも軽く保って、はげしく喰みあわせないこと。両肩も自然に力を抜いた姿勢をとります（肛門をぐっと締めつけること）。

お行儀に座れない人は、姿勢だけを正しく保って、アグラ・ヒザをくずし、または椅子に腰かけてもよろしい。

— 38 —

"Para muitos Mestres de Reiki, falta agora apenas incorporar, em suas próprias vidas, os Cinco Princípios do Reiki que pregam."
Johnny De' Carli

ロ、乾浴

斎戒沐浴の心を、形に表わしたもので、心を浄め、体・手を浄めて、精神統一に入る前段の行事です。

まず、右掌を左肩に当て、襟に沿って右下に撫で下ろします。つぎに、左掌で右肩から左脇に撫で下ろし、さらに一回、右掌で繰り返します。次に、右掌で左掌をしごくように撫で、左掌で右掌、右掌で左掌をしごきます。

ハ、浄心呼吸

乾浴が終りますと、次に浄心呼吸を行ないます。両手は、それぞれ軽く輪を作って握り、これを両膝の上に置き、心を丹田に鎮めて、静かに呼吸をします。これが上達しますと、呼吸が静かになって、息をしているのが、自分にも分らない位で、丸で毛穴からでも吸っているように思われます。また、心地がよくなり、身体が軽るくなって、宙に浮くような気持にもなります。二、三回呼吸したら次に

— 39 —

"O verdadeiro poema é aquele que nos torna melhores do que somos."
JOHNNY DE' CARLI

合掌をします。

二、合掌

両手を、胸の前で合せます。これも、力を入れないで軽く合掌をします。

ホ、精神の統一

聖座合掌の姿で、心を丹田に置いて精神の統一を図ります。精神の統一は、早くて二週間位はかかるようです。

雑念を去ろうとすればする程、雑念がつきまとって参ります。「ドウデモナレ」という心になれば、案外早く統一することが出来るようです。

最初は、心の中で一から十まで数えて見たり、御製を奉唱したりして、雑念を防ぐことも効果的でしょう。

— 40 —

"O poema é um mistério que nos transforma. O poeta aspira sempre a transformar o ser humano para melhor."

Johnny De' Carli

一つの考えが浮ぶと、それぞれに関連した考えが、次から次へと走馬燈のように出て参りますが、これは統一されていない証拠です。耳がある以上、世の中の雑音はすべて耳に入るでしょう。これに心を捕われてはなりません。放心の状態とでも言いましょうか、これが精神統一の一つの姿ではないでしょうか。

雑念が去れば、頭の血は下って、心身爽快になり、身が軽くなります。軽く眼を閉じます。最初は真暗ですが、進歩しますと、明るくなります。また、時間の経つのが早く感じられるようになります。

この聖座合掌を、一日一回～二回（一番よいのは、就寝前と、起床後十五分～三十分位）行なえば、霊気は一回一回強くなっていくのがよく判ります。これを行なえば、霊気が強くなるだけではなく、身体の悪い所は治り、体の疲労は恢復します。

聖座合掌は、なるべく薄暗い所で、暗い方に面して座った方がよいようです。

— 41 —

"A cada bom poema incorporado em nosso ser, você tem a oportunidade de recomeçar."
JOHNNY DE' CARLI

へ、この状態の所へ、各師範が霊授を致します。

ト、五戒三唱

霊授が終了しますと、五戒を三唱します。

一回目―師範が指導

二回目―全員で斉唱

三回目―この五戒を立派に守りますと言う信念を持って斉唱し、終ったならば、自・他の健康と幸福、および世界人類の平和を、日頃信ずる神・仏・キリスト等へ祈念を致します。

臼井先生の厳命と教訓

先生は、数々の教訓を遺しておられますが、特に厳しく教えられたことは、「大宇宙の自然法則と、小宇宙である自分との精神が常に統一され、一体とならな

— 42 —

"Os poemas são um caminho para o aprendizado e para a sabedoria."
JOHNNY DE' CARLI

ければならない」と言うことです。すなわち、神人一体の理であります（宇宙即我・我即宇宙）。

また、

「この真理を自分のものとして確信を持つならば、自然、言動も、修練の如何によっては、自分と宇宙は一体となり、自然に絶対、無限の作用を現わすことができる。これが即ち、人間本来の姿である」

と教えておられます。

古歌に、

　　雲はれてのちの光と思うなよ
　　　もとより空にありあけの月

と言う歌があります。

天地自然の真理による修養は、人間を大きくする、とも教えておられます。

トーマス・カーライルは、

— 43 —

"Viva este momento; desde sempre, só existe o momento presente. O agora é a unidade produtiva da sua vida."
Johnny De' Carli

「人間の本来の力を知らないで、生きている人間は憫れである。本当の力を知る者だけが強く、正しく、美しく栄える……」

と言っています。

これを、霊気に当てはめてみますと、折角大自然が

「必要な時に使用しなさい」

と、自然治癒の尊い力のあることを教えてくれているのですが、その用い方を知らないで生きている人ほど、残念なことはない、と言うことになります。

法華経の中にある「長者窮子」の例えのように、せっかく大自然や、先祖・両親などから莫大な（無限な）財産の入った「宝物」を譲り受けながら、開け方も、使い方も知らないで、ただ眺めているだけだ、と言うことになります。

私達会員は、臼井先生によって、無限の霊能の豊庫を開いて貰ったのですから、生きている間に、自分の健康（心身の）と、世のため、人のために大に役立てる決心をしましょう。

— 44 —

"Muitas pessoas multiplicam seus males porque vivem lamentando o passado e preocupando-se com o futuro, em vez de viver o presente."

JOHNNY DE' CARLI

臼井先生の教訓

先生は、欧米の事情にも精通しておられました。とくに医学のことは、専門医も驚く程熟知しておられたのです。

「最近、医科学は、いらじるしく進歩しているから、決して医療、薬などを無視したり、また排斥などすることは、不謹慎極りない。」

と固く固く戒められております。

しかし、

「医薬で、どうしても治らない病は、進んで霊気で治しなさい。」

と教訓をしておられます。そして、

「霊気で治らない病気はないから、常に浄い魂を持って治療に専念するよう励みなさい」

との信念を語っておられます。

— 45 —

"O amor é a oração mais sublime."
JOHNNY DE' CARLI

ただし、
「ここに一つだけ、霊気でも、医薬でも、神仏の祈祷でも治らない病気がある。それは寿命の尽きたときである。すなわち、人の生命には、大人、子供の別なく限界がある。これは、自然の摂理であり、人間の寿命であるから、何とも致し方はない。
しかし、その人の寿命と判ったときは、なおさら、最後の最後まで、万全を尽して親切に真剣に治療をしなさい。
そうすれば、どんな苦病の人でも、実に安らかな往生のできることは確実であるから、努めて実行せよ。」
と教訓をしておられます。

事例 I

神戸の鈴木商店主鈴木氏の母堂は、胃癌の宣告を受け、県立病院で、開腹手術の結果、最早手おくれで、手術のすべなく、自宅で療養の勧告を受けました。
鈴木氏は孝心厚く、何とか安らかに往生してもらいたいと、三根師範のところへ

— 46 —

"Em vez de ser contra o mal, seja a favor do amor."
JOHNNY DE' CARLI

相談に来られました。治療は約二週間にて終わりましたが、大往生をとげられ、大変感謝をされたのです。

事例 II

茅ケ崎に住んでいた居木胖さん（当時四十二才）は、昭和四十五年、胃力イヨウの手術を受け、開腹の結果、胃癌と判明し、急拠、癌手術に切り替えて、約五時間の手術後、一進一退を続けていましたが、霊気療法の結果、四十六年には、勤務出来るまで回復を致しました。

しかし、四十七年一月、再度入院、色々の新薬投入等、懸命の闘病生活が続きましたが、四十七年六月、遂に一度も苦しむことなく、大往生を遂げられました。遺族の方から、霊気のお蔭げと感謝されております。

事例 III

昭和四十九年五月末、本部中川師範は、満八十六才の大往生をとげられたことを遺族の方（やはり会員）からの報告がありました。

— 47 —

"Onde existe amor existem sempre possibilidades e até milagres."
JOHNNY DE' CARLI

五月下旬、有志の方々と、熱海へ小旅行をされ、何時もとは少し違う様子であったので帰京の車中、長野師範の他数名で交替で治療をされ、品川に着いたときは、大変元気で自宅に帰られ、銭湯に行って身を浄められた後、深い昏睡状態に入られ、大往生を遂げられたとのことです。

その他、限りない事例は書きつくせませんが、臼井先生の確固たる信念が、各所の会員によって実証されているのです。

なお、今後会員の方で、いろいろの経験談や、体験・治癒等をお持ちの方は、お知らせ下されば、これ等の体験特集を企画して、会員の参考に供したいと考えております。

どしどしお寄せ下されば幸甚に存じます。

— 48 —

"Quem deseja estudar sobre a virtude de amar incondicionalmente, será um eterno estudante."
Johnny De' Carli

霊学講座の数々

霊気の存在

宇宙間の森羅万象（天地の万物）は、ことごとく霊気を保有していると言われています。

しかし、霊気自体、どんなもので、どんな形をしているか、などと言うことは、現代科学の発達した世界各国においても、また確かな説明はついておりません。

人間社会の一部では、幽霊や、人魂・空飛ぶ円盤などを見たと言う人もざいますが、川柳にもある通り

　幽霊の正体見たり枯れ尾花

と、ほとんどの人が目で見ることも、手に触れることもできないのか一般常識でしょう。

しかし、万物は霊気を保有することによって生存している、無形の実在と言うこ

— 49 —

"O desejo de aprender é uma característica valiosa que deve ser estimulada."
JOHNNY DE' CARLI

とでしょう。

現代科学では、分子学・原子学・電子学等極微の世界の解明が年と共に行なわれ、実際に応用される段階に至っております。学者の間では、次の霊気に真剣に取り組んで、その解明をしようとしている人もまた沢山おります。

霊気の名称や、その働きについて、世界の国々で、独自の論を持っているのですが、一般に、人体放射能と言っています。

印度「バラモン・ヨーガ」……プラーナ
オーストリア「メスメル」……生物磁気
米国「グームス」……動物電気
日本最初の霊気療術師「田中大霊堂」……霊子
わが臼井霊気療法……霊気
大正五・六年頃（一九一六年頃）の霊気に関する発見、発表では、「トリューム や、アクチニューム等の放射性元素より放射される『アルファ線』

— 50 —

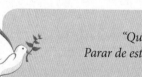

"Qualquer idade é boa para aprender.
Parar de estudar seria o mesmo que andar para trás."
JOHNNY DE' CARLI

や、真空管内における陽極線とほぼ同様のものである」と発表されました。

現代科学は、まことに驚くべき進歩を遂げつつありますから、科学的に「霊気」の存在が解明される日も間近いことでしょう。

霊気の働きについて

人間、および万物は、次の三つの霊気の力によって生存させられております。

1、我々の生命の原動力である。（イノチを生かす自然の力）……霊
2、我々の精神作用である。（魂を働かす自然の力）………心
3、自然に治癒する能力。（肉体を生かす自然の力）………肉

この霊気は、万物が生れたときから、大自然の真理（仏教では妙智力。キリスト教では、天地創造の神・科学では宇宙エネルギーと言っている）によって、与えられた力ですから、放射性のものです。従って、科学では、人体放射能と言うわけです。前項で

— 51 —

"Aquele que se atreve a atender,
jamais deveria cessar de aprender."
Johnny De' Carli

「霊気は、一般には目で見ることはできにくい」と述べましたが、本会で、「発霊法」の指導を受けますと、必ず、見事に各人から霊気が出るのが見えます。

確かに人体放射能です。この人体放射能、すなわち万物共有の霊気こそが、人や、生物を生かしているのです。

ちょうど、ハーモニー（調和）の取れた生かし、生かされ方をしているのです。

現代物理学の発達によって、人工放射能の功罪がいろいろ問題にされております。

医療で適当に使用すれば、良薬となり、不適当に使用すれば人体や、生物に害を与えます。

医療……レントゲン・コバルト・赤外線・アイソトープ等

武器……原子爆弾・水素爆弾等

わが国では、広島・長崎で、世界最初の被爆の洗礼を受けたのです。

人智が進み、科学が一大進歩を遂げた今日、なお、大自然の恩恵に浴することが

— 52 —

"É importante observar para aprender."
JOHNNY DE' CARLI

できるのは、大自然の偉大さに感謝しなければなりませんが、度が過ぎるとその大自然の恩恵をも否定し、破壊しかねません。

人間は、万物の霊長、と言われております。従って、何ものにも増した多量の霊気を温存しています。とくに、日本人は、この霊気の力においては、世界でも優秀な民族といわれております。その修業の如何によっては、神仏と同様な働きもできるわけです。言い換れば、神仏同様の働きのできる者は、人間以外にはない、と言っても過言ではありません。

仏画・仏像・キリスト像等には、必ず霊光（オーラ）が輝いております。

これは、偉大な先達が、修養次第で霊気が放射されることを、形をもって教えて呉れているのです。

また、高僧・キリストなどは、病人の体に手を触れることによって、病気を治癒させた例は、数多く言い伝えられております。

これは、人格の勝れた人々から、人間放射能が放出されているから、強ければ強

— 53 —

"Aprender errado é pior que ignorar."
JOHNNY DE' CARLI

い程、奇蹟的な治癒効果が表われるのです。

私達は、生存上の競争から来る、煩悩・欲望・焦慮・憤怒・悲哀等の心の迷いが多いためか、とかく、右往左往しがちで、本来宿された、神仏同様の働きのできる大精神を見失いがちで、惜しくも隠されてしまい、霊光（オーラ）の輝きを見せないことが多いのです。何と勿体ないことですね。

本会会員は、五戒を守ることによって修養の高度性をはかり、先天的に持って生まれた霊気を有効に、しかも、立派に発露し、自他の心身改善が行なえるのですから、この上、修練を重ねて、一層有能な、霊能者となって、神仏と同じ働きのできるように自己を高めて参りましょう。

体は魂のままに動く――純心無垢になれ

本会は、心身改善が本来の目的であります。

従って、会員は自ら心身の改善の効果を挙げることです。大体において入会の動

— 54 —

"Quanto mais aprendemos, melhor empreendemos."
JOHNNY DE' CARLI

機は病気治療が主になっているようです。勿論大切なことです。ここでは、木会の目的、根本問題の心身改善に主体を置いて見たいと思います。

どうして、霊気療法で自他の心身の病気を治すことが出来るのでしょうか。

ただ、患部に霊気を与えれば治るのです。しかし、何かの影響で、体内細胞組織の一部が破壊されて、霊気の希薄になった処が、病に侵されていると見て差支えありません(外傷も同様です)。だから、患部に霊能者の手を通じて、霊気を補霊(バッテリーに充電すると考えて下さい)すれば、その侵された細胞機能が復活するのです。

霊気はどうすれば発露されるかと言うと、現実の小さな知恵を捨て、大自然の懐に、生まれた時の姿で溶け込むことです。大自然は必ず、その温い懐に、皆さんを抱き入れて、強い霊気を与えてくれるのです。小知識を捨て、理屈を離れ、馬鹿みたいになって、大自然に飛び込むことが大切なのです。

信仰を持っている人や、精神統一をやっている人は、この霊気が強いことは争え

— 55 —

"Muitos Caminhos levam ao topo da montanha, muitos conduzem até lá, mas nenhum é único."
JOHNNY DE' CARLI

ない事実なのです。

半信半疑は、百害はあっても、一益もありません。たしかに、習い始めは、半信半疑でしょうが、回を重ねるに従って、恐らく信念は強くなることとは思いますが、早く自ら病人に手を当てて、体験によって信頼を高めて下さい。

それまでは、馬鹿になったつもりで、理屈をぬきにして修養を重ねることなのです。

世界的大哲学者・エマニエル・カントは、永劫不滅とも言うべき、唯心哲学の道を解いたのです。実は、カントは、生来「クル病」(セムシ)でありました。丁度彼が十七才の時、普通の子供の五・六才位の発育で、しかも虚弱体質でした。

両親は心配の余り、医師の診断を受け、その結果「最早余命は数か月」と言う診断でした。

医師は、この若者を、可哀想に思い、本人には「養生次第では、尚六・七年大丈夫だよ」と申しました。

"As estradas que levam à espiritualidade são numerosas e, muitas vezes, o que é bom para um pode não satisfazer o outro."
JOHNNY DE' CARLI

所がカントは、即座に
「我、成らずんば死せず。」
と言って、周囲を驚かせました。その通り七十五才の長寿を保って、大哲学者となったのです。これは、カントの強烈な信念持続の結果で、大哲学者として、遂に唯心の実相を極めたものと思います。
心身は、一脈の流れでして、主体の魂が強ければ、身体は必ず従属して来ることの実証を、カントは世に示したと言えます。

立派な霊能者とは

立派な霊能者となることは、修養を積む外はありません。
修養の道は、千差万別で、いろいろと有りますが、本会では、明治天皇の御製を通して、心の浄化を計り、五戒を日々守ることによって心身統一と、精神修養を致します。

"Mesmo um pequeno progresso é um avanço quando se está no Caminho correto."
JOHNNY DE' CARLI

一口に申しますが、五戒を守ることは、仲々できるものではありません。ちょっとしたことでも、怒り、心配し、不服不平を言い、仕事を怠り、人と争いを起し易い。表面の態度でも言えますが、自分の魂の中にほうふつとして起ってくる、これらの気持を拭い去ることすらなかなかむつかしいのです。

それでは、

「この五戒か完全に守れるようになるまでは霊気は出ないのか」

と言われますが、守ろうとする一日一日の、努力の積み重ねを怠りさえしなけれぱ、必ず立派な霊能者となり、強い霊気が放射されるようになります。

人の心は、千差万別で、多少の逢いはあります。しかし、本会で霊授を受けた人で、今まで霊気の出なかった人は一人もありません。ところが、切角、霊気が出ているにもかかわらず、たびたび、五戒を破ったり、魂の改善を怠ったりしますと、フッと霊気が出なくなることはざいます。どうぞ用心をして下さい。

— 58 —

"Estar no Caminho certo é mais importante do que a pressa. Para onde se vai é mais importante do que quão rápido se está indo."

JOHNNY DE' CARLI

朝、醒めて、床の上に静座し、合掌して五戒を唱える。また、どんなに夜、遅くなっても、疲れていても、ちょっと布団の上に静座し、今日一日に感謝の五戒を捧げることは、習慣となれば、やらなければ済まない気持ちになります。こうなったらしめたものです。

今日一日の行為が大切なのです。

明治天皇とジョンバチェラー博士のこと

イギリスの神学博士ジョンバチェラー博士は、明治二十六年（一八九三）北海道函館に宣教を目的として渡来し、愛隣学校、幼稚園、アイヌ保護学園等を設立、また、エゾの今昔物語などを書いた奇特な人でした。

北海道において、明治四十二年（一九〇九）まで約十七年間「アイヌ」のために尽したと伝えられています。

たまたま、明治天皇が北海道へ行幸されたとき、博士の功績を聞かれ、その行為

— 59 —

"A cada passo dado no seu Caminho,
você estará um passo mais próximo de seu destino."

JOHNNY DE' CARLI

に対して、勲章を授けられました。翌年の観桜会には博士を招待されました。博士は、大変喜こんで観桜会に出席し、直接天皇と握手をしたところ、強い霊気に打たれたような感応があったと驚いたそうです。

もともと、人格の高い博士に、もっとすぐれた人格者の明治天皇が握手をきれたことで、博士は、天皇から霊授をされた形となったのでしょう。

その後、博士は立派な霊能者となり、自分では、理由の分らないまま、アイヌ人やその他の人々の病苦に対し、手を当てることによって癒していたと聞いています。

自然治癒能力について

元来、人間の病気は、他人の手を借りたり、薬や、医者に必要以上頼らなくても、自分の霊気、すなわち自癒能力で治し得るはずのものです。

山野に棲んでいる禽鳥獣等は、各自罹った病気を、自癒力で立派に治していますし、犬や、猫などによく見かけますが、傷口などは、なめて立派に治していますし、

— 60 —

"Nunca se esqueça do principal. Muitas tentações precisarão ser ignoradas para que nos possamos manter no Caminho certo."

Johnny De' Carli

内臓の具合が悪ければ、本能的に草を食べたり、絶食をして治しております。ネコ入らずを食べたネズミは、野生の雪の下を食べて下毒をしています。ところが、万物の霊長であるべき人間が、なぜ自然治癒能力を与えてもらっているのに、自分の病気すら治すことができないのでしょうか。

これは、科学・医学の素晴らしい発達による結果、これらを対照し、迷いが生ずるからではないでしょうか。すなわち、概念や思凝りに邪魔されて頼りすぎる結果、折角自然から与えられた霊気の働きを妨げているからに他なりません。

太古の私達人類の先祖は、大自然の真理の中に生かされたものですから、あまり雑念がなく、自然の中の生活から、治癒力を身につけていたと思われます。

これは、長い人類の歩みの中で、習慣と、修練の潜在意識が働いて、もし自分の身体の何処かが痛むと、「痛い」と言って、患部を抑える仕草をします。われわれ先祖の仕草が現代に出ているのです。

先祖は、じっと押えることによって自癒力を駆使したと思われますが、現代人は、

— 61 —

"Prepare-se, pois terá que seguir sozinho. O mestre só pode apontar a direção. Você tem que percorrer o Caminho por si só."
JOHNNY DE' CARLI

大さわぎをして「やれ薬だ」「やれ医者だ」と、うろたえることが多いのです。臼井先生は、断食修業中、この真理を大悟されて、万人のためにこの方法を公開されたのです。

移り行くどんな世代でも、真理は絶対にして不変であることを教えられているのです。

今や、私達は、物質文明が日進月歩する現代に生され、しかも、霊気療法を修練する縁を持ったことを、この上ない幸せと思い、ますます精神修養を積みながら、身心両面に生き、万物の霊長として恥かしくない立派な霊能者となって、自他の自然治癒能力を身につけようではありませんか。

治療に当たっての心得

治療に当たっては、厳かに、しかも清く私心のない心で、親切に治療をすることが肝要です。医者の見放した病人を治癒して、その人の喜びを見れば、愉快なもの

— 62 —

"Não é suficiente adquirir o conhecimento, é preciso colocá-lo em prática, para que se transforme em sabedoria."

Johnny De' Carli

です。暇さえあれば、どんどん手を差し延べて下さい。治療して上達することが大切です。

治療の心得

イ、患者には、楽な姿勢をとらせること。寝てもよい。坐ってもよい。一番楽な姿勢にして、治療に取りかかること。

ロ、治療に使う手は、どちらか片方に定めて置いて、それだけを使うこと。片方は軽く握って、大自然からの霊気を充電すること。ただし、耳とか、腎臓とか器官の二つあるものの治療の場合は、両方を使ってもよろしい。

ハ、掌を伸ばして、患部に軽く当てること。押えつけるのではなくて、触れる程度に手を当てること。

ニ、中高指の第二関節を、患部に当てるようにして、手や腕が逆にならないよう、また楽に治療ができるようにすること。

ホ、一か所十五分～三十分位とし、数か所でも、大体一時間を限度として実施す

"Seja feliz, viva um dia e uma coisa importante de cada vez, sua vida será bem mais fácil."
JOHNNY DE' CARLI

ること。長く治療をする方がよいが、病人が嫌気がしたり、苦しんだりしては効果が薄くなるから。ただし、病人が希望するなら、いくら永く治療をしても差支えない。

連続一時間よりは、二、三十分に分けて、休みながら治療をした方が結果的には良いようである。

へ、治療するときは、心特をよくして置くことが肝心であるから、もし治療中、眠くなった場合などは休憩し、一服してから再開すること。治療中は、談話をしたり、茶・煙草等飲んでも差支えはないが、混み入った話や、頭を使うことは極力避けること。

ト、手を触れることは、ハダに直接手を当てることがよいが、これを嫌う人や、熱病等で触れられない患者には、直接触れる必要はない。霊気は、何物でもかまわず通すのであるから、着物の上からでも、夜着、布団の上からでも一向かまわない。

— 64 —

*"Deveríamos começar cada manhã como se fosse
o dia mais importante da nossa vida."*

Johnny De' Carli

チ、眼病の時には、一枚のハンカチかガーゼを掩うてやる方がよい。

リ、男子治療者で、患者が婦人の場合、肉体に直接手を当てるときは、実懇の間柄の場合は相互理解も取り得るが、初対面の人には、充分注意をすることが肝要。

ヌ、どんな患者にも、下毒治療は必要。必ず実施すること。下毒療法のとき、病気の種類によって反応のあることを、注意しておく必要がある。ただし、神経質の病人には、直接本人に、実施することを告げないで、家人に告げておいて、万一の場合、家人から安心感を与えてもらうことが良い（優性の病には反応の出ることが多い）。

ル、治療をする人は、常に携帯用アルコール消毒器を携帯すること。

オ、霊能者には、流行病（伝染病）は感染しないことになっている。それは、流行病をも治癒するだけの霊力を持っているからである（しかし、この場合、治療者の恐怖心は大禁物である。）

— 65 —

"Da mesma forma que um satélite precisa largar o foguete para entrar em órbita, no momento certo, o discípulo precisará largar o seu mestre e trilhar o seu próprio Caminho."
JOHNNY DE' CARLI

霊気療法の特徴

イ、病腺

病気のある部位に、手を当てると、病源から出ている何かを感得するのです。

これを病腺と名付けております。

病腺の感じは、病気の種類・程度・病気の上り坂・下り坂等の状況は人によって違いますから、一定はしておりません。全く体験によらなければならないのです。

病腺の感じは、一般に若い人が敏感ですが、鈍い、分らない、といって悲観することはありません。数多く手を当てていますと、段々と鋭敏になって参ります。霊気が通うように、脈打つように、針や松葉の先きで刺すように、あるいは虫が這うように、ムズムズしたり、咬み付くように感じたり、痛かったり、痺(しびれ)たりして、それは種々雑多です。

— 66 —

"Os discípulos do Reiki, embora convivam com o mestre no início, não lhe pertencem. Os discípulos estão com o mestre, mas são totalmente livres para buscar novos rumos."

Johnny De' Carli

病気があるところには、必ず病腺が出ます。病腺は、肉体的には病気と感じない程度の病気にも出ますから、医師の診断よりは、二、三日前に病腺は感じます。注意してさえいれば、病気は発病前に手当てをして、手おくれは無くなるはずです。

また、医師が「癒った」と診断した後でも、病腺が出ていることがあります。これを充分取り除いて置けば、再発と言うことが無くなるはずです。

病腺は、患部に出る外、いろいろのところへ出ております。

例えば、鳶口創は足の裏に、胃病は額に、廻虫は鼻の下に、肝臓は眼に、という具合。

ロ、毒下し

丹田に手当てをして（丹田はヘソの下三横指の所）、「毒の下るように」と念達して、約三十分間続けます。こうすると、どんな毒でも下ります。

肉食中毒、薬の中毒・皮膚病・注射後・鍼の後など。

— 67 —

"Ser mestre é verdadeiramente ser um eterno discípulo."
JOHNNY DE' CARLI

中でも、氷い病人生活をしている人には、薬中毒は必ずこれで取って上げて下さい。

利いたときは、小便の色が白く濁って、米のトギ汁のようになったり、大便が真黒く、悪臭がひどいのが排出されて、身体が快い中にも、ケダルサを感じるので判ります。

一回で利かなければ、二・三回利くまで実施して下さい。眼病でも血走ったものや、皮膚病には是非治療して下さい。

八、交血法

血を交換する方法で、腺病質の人や、病後の人、お年寄りの人に実施すると、知らず知らずの間に丈夫になります。

半月、一か月、半年と続けてやって上げて下さい。

交血法には二つの方法があります。

半身交血法……これは、上体を裸にして、背中の上部を十乃至十五回位、中央

— 68 —

"A doença é somente a ponta do iceberg."
JOHNNY DE' CARLI

から右と左へなで下ろし、次に、指二本を背柱の両側に当てて、上から腰骨の直下までなで下ろし、ここで、グッと強く押します（痛くない所があります）。これをやはり、十五回位、実施者は呼吸を止めて繰り返します。入浴時、子供にやって上げると、利き目もあり、よろしい。

全身交血法……これは、頭（大体五分位）両腕・心臓・胃・腸と治療して参ります。両下肢はなで下ろして、腿から爪先まで数回、全部で三十分位で終るようにします。

二、念　達

念達とは、自分の念ずることを、相手の人に達せさせる方法です。額の毛生え際に霊気を送って、病人に伝えようとすることを念じます。思い込むのです。

たとえば、重病の患者に

「病気は癒ります」

と念達するのです。また五戒を念達します。これは、一、二分間行なうだけで十

— 69 —

"As doenças, em sua maioria, são as consequências das descargas energéticas das emoções inferiores pessoais."
JOHNNY DE' CARLI

分です。重病患者の場合は、治療毎に念達をした方がよろしい。

大体、霊気療法は、精神療法でして、患者の精神状態のあり方が、大いに効果を左右するものです。

よって、患者の心特を、念達によって気強くしたり、快くしたりすることは、大変大切なことは明かなのです。

人の心が映ることは、心理学的にも証明されていることであって、隣に立った人が思いつめたことは、精神統一をやっておれば、当てることができます。霊気や、精神は、時間・空間を超越していますから、遠近はありません。目を閉じると、距離は消えて、精神界の融通自在となります。これは、潜在意識に映る第六感の働き、と言えましょう。

昔から虫の知らせがあって、親の死を子供が知ったり、胸さわぎがしたりするのは此の例なのです。

念達は、患者の潜在意識に伝える方法でして、軽い病人には、毎回念達をしない

— 70 —

"Apresente-se sempre com boa energia."
JOHNNY DE' CARLI

で、患部に手を当てた当初、一、二分間、念達をすればよいのです。念達が、効果がありますと、治療に際して病人は安心をします。確信がなければ、病人は不安を感じ、また真心をもって治療に当らないと、病人が嫌がります。真心をこめて治療を実施すれば、病人は、信用と、安心と、感謝の念を起こすものです。

邪念があれば、結果は良くありません。

古来の名僧や、智者の療法が利くのは、全く人格の高潔性が病人の心にも直ちに反映するからなのです。

ホ、体得を数多く重ねること。

霊気療法の特徴は、初回に霊授を受けた人でも、よく霊気が出ている方がおられます。

しかし、なんと言っても大切なことは、体験を数多く重ねることにあります。身を持って経験したことは、真実自分のものだからです。

— 71 —

"Quando você souber que tem alguma enfermidade física, poderá se preparar para sofrer ou para se recuperar."
Johnny De' Carli

そして、俗に言う「ツボ（コツ）」を早く掴み早期診断を行ない得る修練が大切です。

それには、数多くの治療の体験をすることが必要となって参ります。

ここで、治療をするに除して、自分が治してやる、と言う増上慢の考え方は、最も慎しまなければなりません。霊気が治すのですから、治療を疑ってもいけませんし、自分が治してやったと思うことは、大変おろかな考えです。くれぐれも自重が大切です。

本会が、人格をより強く修養する理由がそこにあるのです。

いくら、治療経験豊富で、多くの人々に手当てをしたからとて、同門同志が、お互いの誹謗をし合うなどは厳に慎むことです。

霊気は、全身より発霊しますが、最も強く放射されるのは、口・眼・手のひら、であります。手も、中高指の第二関節の先の方ですが、人によっては、掌からよく放射している人もあります。

— 72 —

"O que faz a diferença entre o sucesso e o fracasso é o entusiasmo."
Johnny De' Carli

治療に当り、霊能者は、常に臍下丹田に魂を置くことを忘れないで下さい。

へ、病気の三大原因

1、遺伝……両親または、先祖の血液により生ずる病気（之は気の毒です）。

2、心……疑心暗鬼とも言いますが、何でもないのに、自分で病気を作り出して本当の病気に罹ってしまう人、大自然が生かしてくれた人間の尊厳さを忘れて、概念・思凝りに惑わされた結果で、病でない心の病気です。

3、四囲の環境……これは大した病気でもないのに、周囲の人が重病人扱いをすることから起る病気で、いわゆるこの類の人は、「蒲柳の質である」とか、「一向元気がないから、どこか悪いのではないか」と言った敗残的な言葉で表わし、本人は、自分で「弱いんだ」と思い込み、観念して神経をいたずらに悩まし、どうにも重病患者のような態度を取ります。

病気は、自分の心により、周囲の環境によっても作り出すことができます。会員は、すべて霊能者ですから、確固たる信念を持ち、自分の魂をはっきり掴ん

"Qualquer esforço feito da forma errada é em vão."
JOHNNY DE' CARLI

ト、反応

霊気療法によって病気を治療致しますと、一時病勢が悪化したかのような状態になることがあります。これは反応といって、決して心配することではなく、むしろ治療効果のあった一証拠なのです。およそ、慢性の病気は、一旦、急性病状を呈して、段々とよくなるものですから、神経痛や、リューマチスが、治療のため、二、三日痛みがひどくなったり、中耳炎は、膿の量が増えたり、麻疹では、真紅になる程、フキデモノが出たりするものです。これらが、悪化と違うのは、気持がよいので見分けられます。これは、治療の結果、病因の全部が一時に引出されたと見られましょう。この反応のある病気は、治癒が早いものですから安心してよいと考えます。

で、より霊能を高めることが大切です。すなわち、霊・肉・心の健康に心掛けることなのです。

— 74 —

"Acredite e procure, em algum local deste imenso planeta, algo maravilhoso está aguardando para ser descoberto por você."

JOHNNY DE' CARLI

医師に対する注意

医師は、新陳代謝を盛んにする薬を使用して治病の助けをし、外科の場合は、手術後、消毒薬等を用いて、新陳代謝を待っています。

これは、霊気療法が、自然治癒能力を用いて治病をするのと、その主旨については合致しております。

そこで、医師の手当てと、霊気療法は併用して差支えないと考えられます。

現代医学は急速なる進歩を遂げつつあり、病気をして、医師を嫌うのはどうも間違っているのではないかと思います。

医師は、学問的・経験的に尊重すべきもので、国法にも、医師の死亡診断書を必要としていますから、決して医師を排斥すべきではありません。臼井先生の厳命にもある通りです。むしろ、医師の適切なる診断・手当の後、謙虚に霊気療法を実施して下さい。

— 75 —

"Não só o corpo físico, o espírito também precisa alimentar-se."
Johnny De' Carli

病気の軽いとき、霊気で治したり、医師の見放した時は治療することは一向差支えないことで、軽いと思ったものが、昂進したら直ちに医師に診断を依頼すべきことです。

信用ある、人格の高い医師を選んで下さい。早期にかかるようにして下さい。手おくれは禁物なのです。

霊気療法は人間に限らず万物に効果あり

霊気療法は、馬・犬・猫・金魚・小鳥・樹木・種子等にまでもその効果があります。

1、死にかかった金魚を、水槽の外から、あるいは、水槽の中に手を入れ、金魚を軽く握って霊気を与えますと、元気に泳ぎ出します。

2、今、まさに息の絶えようとしている「ヒヨコ」を掌の中に入れて、静かに霊気を与えますと、翌日から元気でピヨピヨと歩き廻ります。

— 76 —

"Um dos maiores males de hoje é o estresse. Desacelere seu ritmo. Durma bem naturalmente, pratique exercícios físicos, saia de férias, tenha lazer, alimente-se bem, tome sol, seja calmo e sereno em todas as circunstâncias."

JOHNNY DE' CARLI

3、小鳥は籠の上からか、または軽く握って治療をしますと、元気にさえずりはじめます（手のり文鳥にて実験）。

4、蚕の卵に霊気を与えますと、丈夫な蚕が生れ、目方の重い立派な繭を作ります（名栗渓谷在で津村師範実験）。

5、生花は、必ず水上げをしますが、その跡に霊気を与えますと、持ちの日数がうんと増えます。

6、生花で、ハスの花は水上げの悪いものですが、霊気を与えたものと、与えなかったものとでは、長持ちの度合いが違います。

7、さし木の際霊気を切り口に与えておきますと枯れません（サカキにて実験）。

8、モミに霊気を与えますと、米質がうんと良く収穫されます（群馬・大間々にて実験）。

その他、数えきれない位、多くの事例を会員の方々から拝聴して、人間ばかりでなく、万物にも霊気の効果の偉大さが実証されているのです。

"Estamos tão preocupados com o tempo, com nossos afazeres, que raramente fazemos uma pausa para nos conectarmos conosco mesmos."

JOHNNY DE' CARLI

霊気療法指針の説明

皆さんが持っておられる「霊気療法必携」に、療法指針が刻明に書かれておりますから、これに従って治療を実行していけば良いわけです。初心の方々で、「病腺」がまだよく理解できなくても、手を患部に軽く当てさえすれば、相当効きます。どうぞ、思い切って勇敢に手当てを実施して下さい。実施に当っては、必ず前頭部毛生際に手を当てて「念達」することを忘れないで下さい。

「療法指針」に従って、「ツボ」の概要を示しながら、少々詳しく列挙していきます。

「頭」

首から上の部

— 78 —

"Estude com afinco. A falta de estudo é um obstáculo por toda vida."
Johnny De' Carli

体の何処が悪くても、まず頭を治療すること。

順序、1、毛生際（前頭部）

2、両方のコメカミを両手で治療（側頭部）

3、後頭部

4、首すじ、ボンノクボ（交叉神経あり）

5、頭の頂き（頂頭部または天帝）

この五つの部位を約三、四十分位治療のこと。

下熱法は天帝を治療する。

不眠症、ノイローゼは、①眼、②後頭部（男子は胃・女子は子宮にも手を当てよ。）

③心臓、④胃腸、⑥鼻の悪い場合あり、⑥性器の故障

「脳出血・脳血栓」

①右半身不随→左側頭部　左半身不随→右側頭部

②心臓、⑨胃腸、④腎臓（血液を清める）、⑤不随の箇所

"Quanto mais você estudar,
menos você temerá."
JOHNNY DE' CARLI

「動脈硬化・高血圧」
①頭、②心臓、③腎臓

「目」
①片眼が悪いときでも、両方を同時に治療（注：ガーゼか紙を当ててバイキンの入ることを防ぐこと）
②眼球・眼頭・眼尻
③指で眼の周囲を軽くマッサージを加えるとよい。
④充血した眼には、下毒法を行なう。
⑤肝臓の治療を忘れないこと。

「耳」
①両手の中指を左右の耳の穴に入れ、他の指を耳朶の前と後に当てる。指先に、ドクドクと血管の動悸を感じるときは、病気がよくなっていることが多い。
②耳の直下のクボミ。耳の後方の高い骨のところ（中耳炎に特に必要）

— 80 —

"Estudar e aprender são os empreendimentos mais sensatos a se fazer nesta vida."
JOHNNY DE' CARLI

③耳の穴から指をぬくとき、「フッ」と呼気を吹きこむとよい。
①耳と腎臓は関係が深いから必ず腎臓を治療すること。

「鼻」
①親指と中指で小鼻を軽くつまみ、人差指を眉と眉の間に当てる。
②首すじ
③脾臓（左のわき腹）

鼻つまりなら治療十五分位でなおる。
鼻茸、蓄膿症は相当の期間を要するが、一生懸命に治療をすれば、全快する。
鼻と婦人科とは深い関係がある。

「歯痛」
①痛む所を外側から治療する外に、下アゴ骨の後方淋巴腺の集まっている所を治療をする。
②ことに歯グキに脈打っている時は、耳下に病腺が出ていることが多い。

— 81 —

"O estudo é o inimigo da superstição."
Johnny De' Carli

③ 小指と薬指のつけ根にも病腺を感じる。

「口」
① 上下から二本の指で両唇を挟む。
② 鵞口創のときには、足の裏の土踏まずに病腺の出ていることが多い。

「舌」
① 「ガーゼ」で舌に手を当てる。
② 喉の下の舌根に手を当てる。
　足の裏の土踏まずを治療すると効果的。

「のど」
① のどに軽く手を当てる。
② 首筋
③ 扇桃腺は手をあごに引っかけるように治療する。治り易い病気であるが、高熱が出るので、腎臓を併せて治療をする。

— 82 —

*"Evoluir é tornar-se melhor,
ocorre que ninguém melhora sem mudança de costumes."*
JOHNNY DE' CARLI

④甲状腺は、声帯の所に突起があるから、そのまわりに当てる。

⑤セキは、のどか、上胸部に当てる。風邪のセキはすべてのど。ゼンソク、百日咳、気管の咳は胸を治療。ひどいときは鳩尾（みぞおち）を治療のこと。芋類を食べることは成るべくさけるよう。

「胸」

内　臓

①肋膜、肺炎は案外よく治る。

②肺病も初心の人は、医師に、発病場所をよく聞いて、気長に当てるとよい。ただし、二、三期は努力を要する。背部にも手を当てることを忘れないように。

⑨気管は鎖骨の上に当てる。

「心臓」

①きわめて敏感であるから用心が必要。

"Nossas dúvidas são as sementes rumo à sabedoria."
Johnny De' Carli

②左乳の下と、背柱を治療するが、最初は短時間から始めて、段々と永くやるように……。
③直接心臓に手を当てることはなるべく避けて、側面や、背面から治療をして下さい。
④反応があって動悸がひどいときは、濡れ手拭で冷やしながら治療をする。
⑨弱い子供は、心臓の悪い場合が多いから、よく手を当てる必要がある。

「乳房」
①乳房の上に掌をおおいかぶせるようにして治療する。
②乳出しのときは、乳房をかかえるように下から治療をする（ズキン・スキンとして出てくる）。

「胃」
①急性の胃病は鳩尾を治療
②慢性の場合は、鳩尾に右手の親指を立て、掌を腹に倒すと大体、胃の位置である

— 84 —

"Quando você não souber como agir, deixe que uma boa noite de sono o acalme e dê clareza aos seus pensamentos."

Johnny De' Carli

から、そこを治藤する。

③胃下垂の場合は、もっと下っているが、大体この方法で治療すればよい。

④肝臓が連絡して、胃にきていることがある。

⑤血液交換法を実施のこと。

⑥肩胛骨（カイガラ骨）の間の所を治療する。

⑦胃の左下の痛むのは、胃癌や、胃潰瘍の場合が多いから注意すること。

⑧胃潰瘍のときは、頭の治療を念入りにする。

⑨少し慣れると、病状を観察して、軽いと思ったら頭と胃、重そうだったら腎臓をも併せて治療する。

⑩やせた人の胃病は、後方背の部より治療する方がよいことがある。

「脾臓」

①左脇腹、胃の左端にあり、増血器官である。

②鼻に関する病気は、ここによく手を当てると利き目は大。

— 85 —

*"Somos seres em contínua evolução
e precisamos aprender a adaptar-nos."*

JOHNNY DE' CARLI

「腸」

下痢、便秘など色々の病気があり、血は腸で造られるから、腸の治療は、常々に怠らないよう。

①便秘のとき、下腹部腸部を治療するほか、最下部仙骨の所を約三十分治療すること。赤ん坊の便秘はてきめんに利く。

②大腸カタルは、上行結腸・下行結腸・横行結腸を治療し、とくに、腸の曲り角に注意して治療をする。

③小腸のときは、臍の下の真中に手を当てて治療をすればよい。脊椎の方も忘れないよう。

④ヘソには、いろいろの内臓の病腺が感じられるが、とくに、ヘソの周囲が堅かったら、内臓のどこかが悪い証拠であるから、そのつもりで治療をすること（心・肺・肝・腎・脾・膵など）。

「肝臓（含胆のう）」と「膵臓」

"Renove diariamente os seus pontos de vista em busca da evolução."

JOHNNY DE' CARLI

①肝臓は胃の右で、半分は肋骨の中に半分はその下方に出ている。　疲れたと思うときには、肝臓を治療すると快復する。

②とくに目が疲れたときは、肝臓をよく治療するよう。

③胆石、黄疸も肝臓治療（前と後から治療のこと）。

④右の肩だけが凝る場合も肝臓治療。

⑤膵臓は、みぞおちとヘソの中間を治療、糖尿病はここに手を当てると治りが早い。

⑥肝臓を患っている人はよくつまずく。　肝臓と心臓を治療のこと（背後から治療して下さい）。

「腎臓」

①肋骨と腰骨の柔かい所、背骨の両側にある。　掌を腰に当てて、両手の指を水平に揃えた所が腎臓であるから、前と後から治療する。

②両方の手を使って差しつかえない。

③肝臓の疲れがひどいと腎臓へ来る。

*"Quando estivermos mais maduros e com mais tempo,
é bom inclinarmo-nos para uma vida de elevação espiritual."*
Johnny De' Carli

④脚気・脳出血・ノイローゼ等は必ず治療のこと。
⑤「腎臓が弱ると人生観が暗くなり、覇気が無くなる」と言われているから、常に治療をして置くこと。
⑥中耳炎・耳鳴り等、耳に関する病は、腎臓を治療すると治りが早い。
⑦腎盂炎の慢性化したものは、腎臓に一・二回手を当てると、その後高熱が出て全快する。

「膀胱・尿道・睾丸」
①膀胱は、ヘソの下の高くなった恥骨の上を治療。暑いとき婦人が冒され易い。
②尿道・睾丸も着物の上から治療。
③夜尿症（寝小便）は、頭と膀胱を治療。鼻に病腺を感ずることがある。

「婦人病」
①子宮・卵巣などに関した病気であるが、子宮の場合が多い。ヘソの下から恥骨にかけて治療のこと。治療をし始めると、下りものがふえるが、下り切ると全快する。

— 88 —

"Considero o Reiki a maior esperança, atualmente conhecida, para equilibrar nosso planeta e a humanidade."

Johnny De' Carli

②胎児の位置の悪いとき、月経痛なども治療すれば治る（下腹部・仙骨・腰椎と仙骨の間）。
③子宮の前後屈も、手術していなければ治る。
④産前・産後の治療は、てきめんに利く。
⑤子宮を背後から治療するときは、しりの割れ目を治療したらよい。

「お産について」

①妊娠中、一週間に一、二回位治療をすると、胎児の発育がきわめて良い。生れるときは小さくて、生後三日か五日経つと、大きく生れた者よりよく発育する。
②ツワリのひどいときは、胃と子宮を治療すること。
③子宮外妊娠は、五か月以上になると、普通助からないと言われているが、霊気療法を行なえば、悪いものがすべて出る。子宮外妊娠では、腹の中がベトベトになるのであるが、破裂的なものでも、ドンドン血が下って、医師の見放したものでも、二・三日で完全に心配の域を脱し得るし、その後も早く治癒する。

— 89 —

"Para mudar nossa vida, devemos mudar nossa mente.
Para mudar nossa mente, basta mudar nosso coração.
Isto se pode fazer com a energia Reiki."
JOHNNY DE' CARLI

④逆胎児とヘソの緒の首に巻きついたものも治る。
⑤お産の経過が迅速である。
⑥産後の産ジョク熱はよく治る。
⑦産後の回復が早い。産後は普通十二、三日で子宮が収縮するが、霊気療法を実施すれば三、四日で旧に復する（産後、三・四日は治療に励むこと）。

「痔」
①日本人には特に多い病気である。患部に脱脂綿を当てるか、着物の上から治療する。
②痔ろうも治療により案外よく治る。
③痔は、天帝のつむじの所を治療すること。
④肛門の治療は、病人をすわらせて後から手を下に差し入れて治療をするとやりやすい。

"Reiki é amor e toda energia terapêutica é, obrigatoriamente, uma energia de amor."
JOHNNY DE' CARLI

「脊椎矯正」

① 頚椎……七こ。胸椎……二こ。腰椎……五こ計二十こが軟骨でつながり合い、その下部には、仙骨と、尾底骨がくっついている。

② この一連の竹のような柱は、人間の大黒柱のような重要性を持って、脚から上を支えている。

③ 生命の起源で、人間で一番最初に発生する部位は、脊椎なのである。次に心臓、頭と言う順序であり、「背骨のまがりは万病の源」と言っても過言ではない。本会々員は、常に正しい姿勢を保つことが肝要です。

④ 万人、背骨がはずれていたらすぐ矯正しておかなければならない。

⑨ はずれているかどうかの見分け方目で見るか、指でさするか、脊椎の両側を指ではさんでこすってみると分る。

⑥ はずれていれば、三指を静かにその上に置いて治療すれば、自然にその部分の骨が動いて、案外簡単に矯正ができる（無理に力を加えないように……）。

— 91 —

"Reiki é amor e com amor não é possível alguém ser prejudicado."
JOHNNY DE' CARLI

「病源不明のとき」
①頭、⑦心臓、③下毒法、④脊椎、⑤胃腸、⑥腎臓

諸　疾　患
「神経痛・リューマチ」
①頭（とくに後頭部）
②痛む箇所……治療にかかると、反応がでて、一層痛みを増すが、続けること。相
イ、熱があれば頭と鳩尾を治療（下熱）
ロ、便秘していたら、胃腸・腰椎・仙骨の治療。
「シャックリ」
①横隔膜のけいれんであるから、両手を下げさせて胃に手を当てて治療。
②頭の中央部を治療

— 92 —

"A energia Reiki está sempre presente, é nossa amiga e pode nos ajudar. Basta aprender a usá-la e dirigir seu fluxo. Não criamos energia, ela já existe."

JOHNNY DE' CARLI

「ゼンソク」
① 頭……鼻も治療
② 胸……心臓・両乳の上方
⑨ 鳩尾および胃……胃から来たものは多い。
④ 腎臓……これに原因することも多い。

療法を始めると、中途で一層強くなることもあるから、患者に注意しておいた方がよい。相当長くかかるが根気よく治療を続ける。発作中はよりかからせて治療すること。治癒しても一年間は芋類を禁食させるよう。

「脊髄症」
① 頭、② 脊椎、③ 腎臓

これは相当時間がかかるが、気長くやれば必ず根治する。骨の病で絶望することはない。

「糖尿病」

— 93 —

"Durante uma sessão de Reiki, ocorre uma interação entre duas pessoas, que se reúnem para criar experiências individuais para si mesmas."
JOHNNY DE' CARLI

治療前に糖分を計っておいて、治療をする。行なうに従ってだんだん糖分が減少していく状況を患者に知らせると、希望が湧く。

「脚気」
① 心臓、② 胃腸……脚気になると胃が板のようになる。
③ 足のしびれているところ……足のはれる場合しびれることがある。

「バセドー氏病」
のどの甲状腺がはれて、目玉が突出する病気である。
① 頭、② 目、③ のど（甲状腺）、④ 婦人なら子宮、⑧ 心臓、⑥ 半身治療

「切傷」
傷をした所に手を当て治療。動脈の出血のときは、止血後治療。血は不思議な位よく止まる。痛みも止まる。

① 頭、② 心臓、③ 肝臓、④ 膵臓、⑤ 腎臓、⑥ 胃腸、⑦ 全身治療

— 94 —

"A transferência de energia Reiki só é possível quando as duas auras se tocam, entrando em interação."
Johnny De' Carli

「火傷」
直接治療すると、大変痛いものであるから四、五糎はなして治療し、痛みの止まるのを待ってガーゼ等を置いて直接治療をする。極端な火傷の痕が残らない。

「霜やけ」
患部に手を当て治療する。初期なら大抵一度で治る。

「とげ」
治療をしていると、自然に抜けてくる。のどへ、魚の小骨等がささったとき、あるいは、何か詰ったときは、あわてないで、外部から治療をすると、暫時、せきと共に飛び出して来ることがある。

「子供の夜泣き」
①急に激しく泣き出すとき……胃腸を治療
②連続的に泣くとき……頭を治療
③歯ギシリ……頭を治療

"A energia Reiki é sempre bem-vinda, podendo ser aplicado em praticamente todos os casos."
JOHNNY DE' CARLI

④高イビキ……………頭（とくに首筋）・鼻を治療

「百日咳」
① 頭……大人でも、子供でも咳は神経性のものであるから、とくに頭は念入りに治療。②胃腸・③のど・④胸・⑤鳩尾・⑥腎臓

「ジフテリヤ」
① 一才から学齢期頃までの小児がかかり易い。
② 発熱し、扁桃腺がはれ、のどの粘膜に白い膜を生じて、笛のような"せき"をする。
③ まず血清注射をする。
① 頭・のど・胸・胃腸・腎臓・丹田治療

「はしか」
① はしかの初期には熱は下がらない。かえって上る。
② 下熱法で治療しても下がらなかったら、はしかと思ってもよい。

— 96 —

"Reiki nunca é demais. Uma sessão de Reiki não se destina somente a quem esteja sentindo dores ou passando mal."
JOHNNY DE' CARLI

③下熱法・頭・胃腸・心臓・発疹部

「脱臼」
①骨のはずれた所へ手を当てると、自然はまる。

「骨折」
①接骨医に接骨をしてもらった後、その上を治療。

「性癖治療」
①汽車・汽船等乗物の酔い
②飲酒・喫煙の悪癖
③食べ物の好き嫌い
④盗癖

などを治療する方法である。

〈例〉算数が嫌い→好きになった
　　　朝寝坊――→早起きになった

"Um Reikiano nunca se sente impotente perante uma pessoa que sofre."
Johnny De' Carli

⑤治療法→天帝の後方の平たい所に十五〜三十分間治療して、念達をする。勉強が嫌い→好きになった根気が必要であるが、大体矯正できる。

以上概略ではありますが、書き落した所は、「治療指針」に従ったり、各師範の方や、熟練した人に聞くなどして下さい。何はともあれ、自分で身近かな所から治療を実施することです。

家庭の中に、一人の霊気療法を知った人がありますと、家庭から、病魔の影を断ち切って、家庭内が、明るく円満になることは確実です。そこで、各自が霊力を強くして、まず家庭を美しい姿にし、他人の病魔をも撃退きせることができれば、弥栄これにすぎることはありません。

一人でも多くの病める人に手を出して、霊気療法に対する信念を高めて下さい。

自力本願こそ、霊気上達の重要な鍵となるのです。

— 98 —

"Você também é capaz de ser um canal de Reiki, pois se trata de um atributo inato, normal, espontâneo e natural de todo ser humano."

Johnny De' Carli

なるべく、先輩の手をかりず、頼らないで自分で実施して下さい。
霊気療法は、一回の治療時間を氷くやれば程よいのです。瀕死の重患者には、昼夜ブッ通しで治療をしなければならないこともあります。不眠不休でやれば、どんな業病をも治癒させることができるのです。
霊気療法を修得したからには、自分で、工夫・研究・努力して上達するように心掛けましょう。

"As portas de acesso à canalização da energia Reiki estão abertas às pessoas de todas as profissões, crenças religiosas, modos de vida ou idades."
JOHNNY DE' CARLI

おわりに

この世の人の世界に、素晴らしい霊気療法の伝授をされました、肇祖臼井甕男先生はじめ、多くの先輩方の遺業を引きついだ私達会員は、全国各地で、自他の身心改善のため、毎日の修業を積ましてもらっております。

臼井先生は、「会の発展・拡大のための宣伝行為」を厳に戒められたと聞いております。

しかし、遺されたこの療法のすべては、大自然の真理に沿った、ごく自然の最高の療法であると考えられます。

この療法を学ぶ者のみ、知る喜悦でございます。

狂乱の世になればなる程、わけの判らない（原因不明）の病気は、益々ふえ、現代医療制度自身も、人間を、物質扱いにしてはいないでしょうか。それは、不明病

— 100 —

"Ninguém precisa ser um profissional na área de saúde para ser eficiente na terapia Reiki. Qualquer pessoa pode canalizar."
JOHNNY DE' CARLI

気と、新薬殺入の競争の感があるからでございます。
こんな時代になればなる程、本会々員は、日夜、自他の心身改善の修養を高めて行くことが急務ではございますまいか。
会員のみなさまの、より霊気療法に対する理解と、認識と、勇気ある施療の実績が高まれば、自然に「よいこと、よい療法」は無限に拡がってゆくと存じます。
本会も、過去には、いろいろ歴史をたどって参りました。本会の有り方が、物足りなくて、独立宣言をし、その後、大活躍をされた先輩もございました。
歴史の流れは、刻々と変わっておりますが、形こそ違え、世間にわが霊気療法が、各地で活躍していることに変わりはございません。
それでよいのです。
この療法の灯を消さないで、「よいもの」を後世に遺していこうとする私達会員

— 101 —

"Todo Reikiano acaba definindo suas próprias normas, aprendendo com a orientação interior."
JOHNNY DE' CARLI

の努力こそ、世のため、人のため、自己の限りない心身改善の行となって、永続すれば、臼井先生はじめ、数多い先輩の方々は、何時までも霊界から見守って下さることを信じようではありませんか。

臼井先生は、東京高円寺にある西方寺の墓所にて永眠しておられます。

また、第二代会長　牛田従三郎先生

第三代会長　武富　咸一先生

や、全国で物故された、各師範の方々、有能であった会員の方々の、墓所の清掃・献香・献花の行を絶えさせてはならないと存じます。

目下、地方各支部で活躍しておられる方々におかれましては、いっそうの修養を重ねながら自他の心身改善に邁進すると共に、本会の弥栄を祈念しようではありませんか。

これが、私達会員の使命でございます。

"Cada Reikiano deve definir seu caminho através da identificação de suas escolhas pessoais. Nada é obrigatório, rígido e inflexível."
JOHNNY DE' CARLI

本文中、御不明、お気付き、間違いの訂正追加等重要なことがございましたら、御遠慮なくお知らせ下さいますようお願い申し上げます。

文責　福岡甲旨郎（本部所属）

— 103 —

> "Canalizar Reiki depende do Reikiano e não do ambiente externo.
> O local é importante, mas ele não faz o Reikiano.
> O Reikiano é que faz o ambiente, através do amor incondicional."
> JOHNNY DE' CARLI

Capítulo 3

Reiki Ryoho No Shiori
(Traduzido para o Português) [3]

= *Para os membros* =

MANUAL DE TERAPIA REIKI

Edição da Associação de Terapia Reiki de Usui
Benefício para a mente e o corpo

(Usui Reiki Ryoho Gakkai)

---

[3] Traduzido pela *Sensei* Patrícia Kazuko Nishiyama – Mestre de Reiki

"É natural o interesse em buscar conhecer as origens."
JOHNNY DE' CARLI

Introdução

A Terapia Reiki de Usui é um tipo de terapia para a mente e para o indivíduo como um todo, a fim de prevenirmos as doenças e sempre mantermos a saúde da mente e do corpo. Além disso, é um método de cura que, mesmo no caso de você, infelizmente, ficar doente, quase não dependerá de medicação. Isto é, a Terapia Reiki atua sobre o subconsciente do homem, oferecendo um forte auxílio no processo natural de autocura, na capacidade que cada pessoa possui em seu próprio corpo de prevenir e tratar doenças.

A Terapia Reiki, por meio da energia vital universal do ser humano, aumenta a capacidade de autocura. Velho, jovem, homem e mulher, sem distinção alguma, todos podem utilizá-la, não sendo prejudicial.

Quando alguém recebe essa terapia, mesmo na primeira vez, surpreende-se com o excelente resultado.

Este Manual, baseado nas obras, na instrução oral, nos relatos sobre as experiências vividas de cada mestre desta Associação, destina-se às pessoas que vêm chegando (aos jovens) para que compreendam bem o que é a Terapia Reiki.

> *"O Reiki é mais do que uma terapia e um trabalho, é um estilo de vida."*
> Johnny De' Carli

Leia com carinho e aprenda o quanto antes este benefício para a mente e o corpo, e que seus conhecidos possam também usufruir esta maravilhosa Terapia Reiki.

Em setembro de 1974

Sede da Associação de Terapia Reiki de Usui
– Benefício para a mente e o corpo.
Presidente Hoichi Wanami

"Houve e ainda há muito que aprender."
JOHNNY DE' CARLI

Índice

Introdução 2

A importância desta Associação 5

A história 5

A organização 7

O método de aperfeiçoamento espiritual desta Associação – 2 metas 9

 Afastar pensamentos ociosos, mundanos 9

 Explicação da doutrina dos Cinco Princípios 10

Método para fortalecer a energia Reiki – sobre a atividade de
aperfeiçoamento espiritual desta Associação 17

 Para adquirir o aperfeiçoamento espiritual 17

 Receber a sintonização 18

As regras rígidas e os ensinamentos do Mestre Usui 20

Inúmeras palestras sobre estudos espirituais 23

 A existência da energia Reiki 23

 Sobre a atuação da energia Reiki 24

*"Torne-se um aprendiz para a vida toda. Mantenha-se renovado
e vibrante, aprendendo algo novo todos os dias."*
Johnny De' Carli

O corpo move-se conforme a nossa alma – tenha a mente e o coração puros 26

A excelente pessoa de capacidade espiritual 27

Sobre o Imperador Meiji e o Dr. John Batchelor....................... 28

Sobre a capacidade de cura natural 29

Noções para conduzir um tratamento 30

Noções de tratamento 30

Características da Terapia Reiki 32

    Byosen (irradiação da doença) 32

    Gedoku-Chiryo-Ho (eliminar a toxina) 32

    Ketsueki Kokan-Ho (método de troca de sangue) 33

    Nentatsu (transmissão de pensamento) 33

    Acumular inúmeras experiências 34

    Três principais causas das doenças 35

    Reação 36

Atenção em relação ao médico 36

A Terapia Reiki é eficaz em todas as coisas que existem no Universo, não se limitando somente ao ser humano 37

Explicação do manual da Terapia Reiki 38

    Partes acima do pescoço 38

    Órgãos internos 41

    Doenças diversas 46

No final 51

"Nada substitui a persistência para se obter êxito no caminho do aprendizado."
Johnny De' Carli

A importância desta Associação

À medida que constatamos o progresso na aplicação desta técnica, desta disciplina física e mental, seguindo os Cinco Princípios do Reiki através da prática diária, melhoramos e mantemos nossa saúde e, também, aumentamos a paz, a prosperidade e a felicidade do lar, da sociedade, da nação e do mundo. Esse é o propósito da Terapia Reiki de Usui.

Os Cincos Princípios são os ensinamentos do Mestre Usui, fundador desta Associação. Os mesmos fazem parte dos 125 poemas, considerados o "alimento da alma", que foram escolhidos dos inúmeros poemas compostos pelo Imperador Meiji de nº 122.

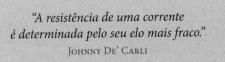

*"A resistência de uma corrente
é determinada pelo seu elo mais fraco."*
Johnny De' Carli

A história desta Associação

O Mestre Mikao Usui (1865 ~ 1926), quando jovem, estudou à própria custa. Estudou várias vezes no exterior: na Europa e na América. Trabalhou como oficial do governo, funcionário de empresa, jornalista, missionário, capelão e empresário, adquirindo muitas experiências na vida.

Sentindo na pele as circunstâncias da hipocrisia (os dois lados) da sociedade, ele teve de enfrentar uma grande questão: "Qual o sentido da vida?"

"O final extremo da vida é obter a paz espiritual."

Nesse momento, ele obteve o primeiro grande entendimento. Desde então, entrou na seita *Zen* em que esteve praticando por cerca de três anos. Nada de conseguir a iluminação espiritual e, não sabendo o que fazer, foi consultar o seu mestre.

O mestre, imediatamente, respondeu: "Morra uma vez."

O Mestre Usui, sem conseguir esse entendimento maior almejado, após seu mestre ter-lhe dito "morra", e estar decidido de que tudo estava perdido, imediatamente foi até Kyoto, no Monte Kurama.

Na montanha, isolado a 20 km, iniciou um jejum.

Na 3ª semana, por volta da meia-noite, sentiu um forte estímulo bem no meio do cérebro, como se tivesse sido atingido por um raio,

"A História é um verdadeiro mestre inflexível em seus ensinamentos."
JOHNNY DE' CARLI

e ficou inconsciente. Recobrou a consciência quando estava amanhecendo. Foi um despertar que ele nunca havio experimentado até então.

De fato, foi uma sensação reconfortante tanto no físico como na alma.

Provavelmente, nesse momento, ele captou na alma uma forte energia do Universo (em abril de 1922).

Durante a descida do monte, tropeçou numa pedra, machucando o dedo do pé. Colocou a mão, onde iniciou o tratamento. Além disso, após muitas pesquisas, ele descobriu uma forma, um modo de instruir as pessoas com esse conhecimento.

O Mestre Usui, sem desejo egoísta, com franqueza, sempre, onde quer que estivesse, imediatamente, mantinha-se abnegado, com espírito altruísta.

O Mestre Usui, quando encerrou a prática do jejum, recebeu uma expandida percepção extrassensorial (inspiração Divina), na qual a energia do Universo combinou com a energia de dentro do corpo (o Universo está em mim e eu estou no Universo/o Macrocosmo e o corpo humano são perfeitamente idênticos).

Não conseguindo manter a posse exclusiva dessa alegria, criou os ensinamentos, ou seja, a doutrina da Terapia Reiki e fundou esta Associação em abril de 1922.

O Mestre Usui lamentou dizendo:

– *"Na Terapia Reiki, não precisa de teoria difícil. A verdade está contida em um lugar bem mais próximo de você."*

– *"Apenas, na ciência atual, não há provas ainda de o fato de uma doença ser curada apenas colocando a mão. Mas, a verdade é que a doença é curada."*

– *"As pessoas diriam que isso é tolice. Eu lamento por elas, por expressarem a sua própria ignorância."*

No entanto, o Mestre Usui disse confiante:

> *"A iluminação exige que você assuma maior responsabilidade pelo seu estilo de vida."*
> Johnny De' Carli

– *"Não há dúvida de que algum dia, com certeza, chegará um tempo que provaremos cientificamente esta Terapia Reiki. Pelo nível da inteligência humana atual, a comprovação por evidências aparece antes da explicação, sem exceção."*

Na realidade, com base nas pesquisas científicas, nos estudos moleculares, atômicos e eletrônicos, isso vem sendo desvendado.

No meio de estudiosos, cientistas, existem pessoas que se empenham no novo campo do estudo dessa energia não visível, não palpável, o éter.

Os aprendizados adquiridos com muito empenho e dedicação do Mestre Usui resultaram em três grandes descobertas de técnicas terapêuticas que foram deixadas para esta Associação:

1. *Ketsueki Kokan-Ho* (técnica de troca do sangue);
2. *Tanden Chiryo-Ho* (técnica terapêutica na região *tanden*[4]);
3. *Byosen Reikan-Ho* (técnica de percepção da irradiação da doença).

Isso é algo digno, voltado a tudo o quanto existe no Universo e, especialmente, para o bem da humanidade, não sendo encontrado em outro campo. É uma grande descoberta e, principalmente, é uma esperança para a pessoa doente.

O local onde se teve a primeira sintonização (iniciação) foi em Harajuku, em Shibuya, Tokyo.

Desde então, há mais de 50 anos, continuamos a ajudar um número ilimitado de pessoas que estão com o corpo doente e com o sentimento confuso. Hoje, ainda, um grande número de membros está trabalhando nessa atividade e a espalhando por todo o país.

---

4 *Tanden* é uma região que fica a 5 cm ou a 3 dedos abaixo do umbigo.

"Não é preciso que você acredite que a energia Reiki vá funcionar. A fim de experimentá-la profundamente, no entanto, você precisa usá-la."
JOHNNY DE' CARLI

A Organização desta Associação

Esta Associação possui a seguinte estrutura:
- Categoria 6 – iniciantes (novos membros);
- Categorias 5 e 4 – essas categorias são concedidas com base no grau de aprendizado de cada pessoa e mediante a aprovação do *Shihan*[5];
- Categoria 3 – com a aprovação do *Shihan* é iniciado no *Okuden*[6];
- Categoria 2 – não se aplica aos associados. Apenas aplica-se ao fundador, o Mestre Usui;
- Categoria 1 – lugar vago (vacância).

Na categoria 3, recebe-se a iniciação no *Okuden*.

O *Okuden* é concedido - com base no grau de aprendizado que cada pessoa adquire, é dividido em 2 fases.

Após a conclusão no *Okuden*, será concedida a iniciação no *Shinpiden*[7].

---

5 *Shihan* significa mestre, professor, instrutor.
6 *Okuden* significa transmissão secreta.
7 *Shinpiden* significa transmissão dos mistérios, enigmas.

> *"Quanto mais aprendemos, mais útil nos tornamos para nós e para a sociedade."*
> Johnny De' Carli

Quando esses são concluídos, com a aprovação dos *Shihans*, são conferidos os seguintes títulos:

- *Shihankaku* (Professor);
- *Shihan* (Mestre);
- *Daishihan* (Grande Mestre).

Dentre esses, os membros que possuírem uma notável capacidade espiritual, com resultados excelentes nos tratamentos e que tenham feito várias contribuições para esta Associação, serão eleitos conforme a seguir:

- 1 Presidente;
- 5 Diretores;
- 14 Membros do Conselho;
- 1 Secretário (assuntos gerais / contabilidade).

Essas pessoas farão a administração da Associação.

Nota: Os graus que mencionamos aqui não estão relacionados a uma ordem hierárquica. Eles são adquiridos com base em um rigoroso treinamento no qual a própria pessoa submete-se. As gerações de Presidentes desejam que, entre os membros desta Associação, sempre apareçam pessoas com capacidade espiritual, que superem os mestres existentes, até mesmo o Mestre Usui, e passam a orientação para dedicarem-se ao treinamento contínuo para o melhoramento espiritual.

"É impossível uma grande conquista sem antes obter pequenas conquistas sobre si próprio."
Johnny De' Carli

O *Okuden* consiste nas técnicas:

1ª Fase:
- *Hatsurei-Ho* (técnica para emitir a energia);
- *Uchite Chiryo-Ho* (técnica para tratamento à base de batidas com a mão);
- *Nadete Chiryo-Ho* (técnica para tratamento à base de carícias, alisar a região enferma);
- *Oshite Chiryo-Ho* (técnica para tratamento à base de pressão com a mão);
- *Seiheki Chiryo-Ho* (técnica para tratamento de hábitos, propensões).

2ª Fase:
- *Enkaku Chiryo-Ho* (técnica para tratamento à distância).

Primeiramente a pessoa receberá o *Shoden*[8] e, com entusiasmo na Terapia Reiki e com um aproveitamento notável, será iniciada e instruída no próximo nível.

---

8 *Shoden* significa transmissão inicial dos ensinamentos.

"Devemos permanentemente procurar evoluir e melhorar."
Johnny De' Carli

O método de aperfeiçoamento espiritual desta Associação – 2 metas

1 – Afastar pensamentos ociosos, mundanos:

Entoar os poemas do Imperador Meiji e todos os pensamentos ociosos serão afastados.

A razão de entoar os poemas do Imperador Meiji:

O Imperador Meiji de nº 122, dentre as gerações sucessivas de Imperadores, era o que possuía uma capacidade espiritual muito superior. Dizia-se que a sua bondade se expandia como o raio de sol, brilhando em toda a parte. A sensação era como se fosse um vasto oceano e a sua vontade era como a mãe natureza, com muita benevolência; mantinha, também, uma fé inabalável. No final do período Edo (Xogunato de Tokugawa), com os vários acontecimentos ocorridos dentro e fora do país, ele era como uma pedra de toque que polia

"O poema é a linguagem do Amor Universal."
Johnny De' Carli

as virtudes, um extraordinário monarca, um modelo de pessoa de grande talento, bem-sucedido e cada vez mais aperfeiçoado à medida que amadurecia. Nesse tempo, havia muitos veteranos, conselheiros e verdadeiras personalidades que vivenciaram muitas dificuldades e que, quando ficavam perante o Imperador, suavam muito, mesmo estando no meio do inverno. Isso não ocorria por causa das funções que cada um exercia, com suas distintas obrigações com relação ao Imperador, mas sim pelo rigor da energia espiritual que era emitida pelo corpo do Imperador Meiji. Nessa época, o Presidente dos Estados Unidos, Roosevelt, visitou o Japão. O encontro com o Imperador foi descrito da seguinte forma:

"A grande personalidade do Grande Imperador Meiji abrange todas as eras e países, e não haveria ninguém a quem compará-lo na história. O Imperador Meiji é grandioso. Os japoneses são felizes. Simplesmente, só de receber o Imperador Meiji, é aberto o caminho para a criação. É impossível imitá-lo."

Ele elogiou profundamente a personalidade do Imperador Meiji.

O Imperador Meiji, dotado de grandes virtudes, não era um homem de muitas palavras. Depositou esses sentimentos nos cem mil *waka* escritos por ele (poemas japoneses compostos de 31 sílabas). Cada um desses poemas é considerado algo muito magnífico para a história da literatura nos dias de hoje.

Existe uma famosa canção do pós-guerra Russo-Japonesa, escrita pelo Imperador:

"Yomo no umi, mina harakarato omou yoni nado namikaze no tachisawaguran."

"Nos quatros lados do oceano, neste mundo em que todos são compatriotas (irmãos), os ventos e as ondas se agitam..."

> *"Um líder deve estar constantemente vigilante às necessidades de seus liderados."*
> Johnny De' Carli

O fundador desta Associação, o Mestre Usui, admirava e muito as virtudes do Imperador Meiji. Era como a que o filho tem pelo pai. Dentre os inúmeros poemas, selecionou 125, fazendo com que fosse o primeiro passo para a dedicação no caminho da educação e aperfeiçoamento do espírito. Até hoje, isso foi deixado como uma boa tradição desta Associação. Vamos continuar mantendo a boa tradição!

2 – Explicação da doutrina dos Cinco Princípios:

Como consta na primeira página do *"Reiki Ryoho Hikkei"* (manual obrigatório de Terapia Reiki):

Método secreto para convidar à felicidade.
O remédio milagroso para todos os males.

Só por hoje:
Não fique com raiva;
Não se preocupe;
Seja grato;
Seja dedicado ao trabalho;
Seja gentil com as pessoas.

De manhã e à noite, junte as palmas das mãos em prece, orando com o coração, e entoe.

Esses Cinco Princípios são os melhores ensinamentos da humanidade deste Macrocosmo.

"Os melhores tratamentos são os preventivos.
É sempre melhor prevenir do que depois querer corrigir."
JOHNNY DE' CARLI

Só por hoje:

O ser humano faz muito comentário a respeito do passado: "Eu deveria ter feito aquilo", "eu deveria ter feito assim", "naquela vez deu certo", "naquela ocasião não tive êxito", queixando-se e relembrando as memórias.

Antigamente, *Taira no Kiyomori* dizia de maneira egoísta:

"O sol que se põe no oeste agora volta mais uma vez ao leste."

Tanto os seres humanos quanto tudo que existe no Universo continuam a avançar em direção ao futuro; para eles não existe o "ontem", que é um passado. Não importa o quanto relutem, ressintam ou sintam saudade, o passado não voltará.

No início do conto do clã Taira ("*Heike Monogatari*") está escrito: *"existe som na impermanência..."*

O Universo e a natureza estão em constante mutação.

Portanto, mesmo confiando um sonho ao dia de amanhã, nós, pessoas normais, absolutamente não temos como estar no amanhã. Além disso, não podemos reproduzir o passado. É apenas hoje que está vivo para nós. O amanhã, daqui a uma semana, daqui a um mês, daqui a um ano, uma vida inteira é uma continuação do hoje. O resultado de hoje refletirá no amanhã. Então, obedientemente, enquanto fazemos uma modesta reflexão, vamos criando e desenvolvendo sempre o novo. É um ensinamento que diz para vivermos cuidadosamente o dia, o momento de agora.

"O verdadeiro futuro é hoje.
O hoje é a unidade produtiva de nossas vidas."
JOHNNY DE' CARLI

Não fique com raiva:

Pensávamos que a raiva era, no geral, um instinto animal, ou seja, era congênita, e não uma coisa ruim de sentir. No entanto, aprendemos com esforço que é algo ruim, pois o ser humano tem uma experiência adquirida para distinguir o bem e o mal (o certo e o errado). A raiva não só causa desconforto para terceiros, como causa danos a nós mesmos. Isso foi comprovado pelas experiências do Dr. Elmer Gates, psicólogo norte-americano. Ou seja, um tubo foi submetido a um ar líquido (-147°C), e dentro do tubo foi exalado um sopro (sopro sem nenhum pensamento / nenhuma intenção). Esse sopro, após a refrigeração, congelou formando cristais incolores e transparentes (é um fenômeno semelhante quando respiramos profundamente e o sopro sai branco, numa manhã de inverno, só pelo fato de sairmos do recinto). Aplicando esse princípio, segue a tabela onde sopros com diferentes tipos de emoções e sentimentos foram colocados para dentro do tubo.

Emoções diversas	Cor do cristal	Resultado da aplicação (experiência em animais)
1. Sentimento de raiva	Vermelha	A solução foi injetada em cobaias saudáveis, em que 64 morreram. Injetada em 5 feras/animais selvagens morreram em 5 minutos.
2. Maldição, sentimento de ódio	Castanho	
3. Sentimento de arrependimento, pesar	Rosa	Injetada em cobaias: apresentaram tiques (nervosos), problemas motores.
4. Coração sem esperança	Cinza	Injetada em cobaias: apresentaram neuropatia (problemas no sistema nervoso).

"Toda vez que se está inquieto, ansioso ou raivoso, devemos parar de agir ou de falar, porque falar ou fazer coisas nesse momento pode ser muito destrutivo."
JOHNNY DE' CARLI

5. Coração saudável, com vigor	Verde	
6. Sentimento de frescor, ânimo	Azul	Quando injetada em cobaias que estavam quase mortas, todas as 64 foram reanimadas.
7. Sentimento com reverência, respeito	Violeta	

Como apresentado nesses dados experimentais, o pensamento de raiva deve ser temido e abstido. Afinal, a irritabilidade é uma perda da paciência. A raiva que surge dos danos recebidos dos outros, quando somada com os gerados por ela própria, torna-se duas vezes mais tóxica. Porém, os pais com relação ao filho, os professores para com o aluno devem dar a repreensão com afeto e deve ser com forte encorajamento. Se o sentimento for de raiva, sem dúvida, não será uma repreensão com afeto. Ocorrerá um resultado contrário, criando uma parede de ruptura, algo irreconciliável.

Nós somos os Senhores da Criação, além disso, temos capacidade espiritual e não devemos ter pensamentos de raiva. O sentimento de raiva pode ser reduzido admiravelmente com o poder espiritual. Se conseguirmos controlar, de fato, poderemos ter uma vida tranquila, de paz. A pessoa que deseja uma longevidade saudável deve evitar, prudentemente e dentro do possível, a raiva.

"Nossa fadiga é frequentemente causada não pelo trabalho, mas, sim, pela preocupação e pela raiva."
Johnny De' Carli

Não se preocupe:

Diz-se que o homem é um animal emotivo e, instantaneamente, manifestam-se várias emoções.

Em especial, quando surge algo que o preocupa, o coração contrai, há uma baixa na atividade física, diminui a vitalidade de cada uma das células do corpo, não consegue fazer direito o seu trabalho, elimina urina com sangue, ficando predisposto às doenças. Além disso, é demasiado o medo de doenças. Enquanto estiver preocupado mais do que o necessário, não tem como ter expectativa na saúde.

Este "não se preocupe" refere-se a preocupações desnecessárias, ou seja, são várias aflições e tormentas que amarram o passado, o presente e o futuro.

Em nossa Associação, chamamos de "consideração" o planejamento de negócios, o planejamento de vida e o refletir sobre benefícios. E, em especial, a preocupação com o foco na doença é o mais prejudicial.

Inicialmente, nós humanos existimos graças à bênção da mãe natureza, porém, mesmo com a nossa própria vontade, não estamos livres da vida e da morte.

É importante nos esforçarmos, e muito, para vivermos sempre com uma boa saúde. Somos de carne e osso. E, ainda que, mesmo doentes, pensemos: "de qualquer maneira, eu desejo ser salvo, eu desejo me curar rapidamente", "de qualquer maneira, eu quero poder ajudar, eu quero poder curar rapidamente." Mesmo tendo a nossa própria vontade, há vezes que não podemos fazer nada.

O destino da pessoa não pode ser modificado através da inteligência humana, não se pode fazer nada. Afinal, não há outro caminho, "faça o melhor possível e depois espere pelo destino."

> "Enquanto você se preocupar com o que os outros pensam de você, eles serão seus donos."
> Johnny De' Carli

Quando você reflete nisso, é um desperdício pensar na preocupação, no medo. Não há outra forma além do autocontrole. Enquanto estiver com medo da doença e ficar preocupado, isso nunca vai melhorar. O medo tem o poder de chamar, e a preocupação tem o poder de atrair.

Se você chamar, com certeza virá. Digamos que é sábio esforçar-se para não se preocupar.

Creio ser do seu conhecimento a palavra *kiyu* (significa ansiedade, medo irracional sem motivo ou causa). A origem da palavra refere-se a uma pessoa de um país chamado Ki, na antiga China, e era uma pessoa que se preocupava muito. Certa vez, acreditou que "o céu estivesse caindo" e ficou preocupada esquecendo-se de dormir e comer. Um companheiro informou-lhe que "o céu é feito de gás e, com certeza, não iria cair", e finalmente ela se convenceu.

Outro dia, estava dizendo que "a terra iria desmoronar" e novamente caiu em preocupação. Foi advertida que "a terra, por ser infinita, não iria desmoronar", e finalmente se convenceu.

Havia pessoas bastante preocupadas e aflitas.

A partir desse exemplo, preocupar-se sem nada ter acontecido é considerado como ansiedade, medo irracional sem motivo ou causa. No mundo, existem muitas pessoas que se preocupam desnecessariamente e que se identificam com esse tipo.

A seguir, o Dr. Bettenkauhel, da Alemanha, grande cientista que estudou sobre microorganismos. Junto com seu assistente Emmich, com base nos vários resultados dos experimentos de pesquisas, afirmou que a causa da doença tem a ver com as condições internas ou, por assim dizer, a maior parte da doença depende do estado psicológico.

> "As cargas mais pesadas nessa vida são as cargas emocionais; as feridas do passado, as preocupações sobre o futuro, iluminar a mente é libertá-la dessa carga."
> JOHNNY DE' CARLI

Exatamente nessa época, o bacteriologista alemão, o Dr. Koch, descobriu a bactéria da cólera, provocando uma sensação no mundo da medicina.

O Dr. Bettenkauhel, para provar a sua opinião e contrapôr com uma teoria oposta, bebeu a solução que continha a cultura de bactéria da cólera. As pessoas ao redor ficaram surpresas, "por mais que diga que a sua teoria não será distorcida, beber a bactéria da cólera é algo imprudente". Mas após o ocorrido, ele não teve nenhuma alteração e não contraiu a doença, a cólera. Por outro lado, seu assistente Emmich bebeu a bactéria da cólera no mesmo momento, porém, diferentemente do Dr. Bettenkauhel, bebeu com medo, vindo a ficar com cólera. A partir da diferença das crenças do Dr. Bettenkauhel e do assistente, o resultado saiu diferente.

A preocupação, praticamente, quebra a paz de espírito, engana o raciocínio sereno, porque nos faz faltar esperteza, faz com que a cabeça não seja capaz de compreender uma coisa boa e inibe a coragem de realizar. Portanto, o ser humano, pelo próprio aperfeiçoamento espiritual, necessita de muito esforço para evitar a preocupação.

Gratidão:

Aquele que possui o sentimento de gratidão por todas as coisas é uma pessoa feliz. Quem não possui esse sentimento, entende-se que não consegue uma vida próspera, alegre. Isso é uma pena!

Percebemos que muitos pensam que a "gratidão" é um termo usado quando alguém faz um favor ou quando recebem algo das pessoas. Claro, com certeza, nesses casos, mostramos o sentimento da gratidão; porém, temporariamente, vamos pensar o seguinte: se não

"Decida-se a ser saudável; acorde toda manhã com gratidão e não permita qualquer pensamento de doença. Nunca!"
JOHNNY DE' CARLI

recebermos um favor, se não recebermos alguma coisa, não sermos gratos é uma coisa boa?

O "Sou grato" desta Associação não seria a gratidão de troca de bens e outros, mas sim um sentimento de gratidão para com a mãe natureza, para com todas as coisas do Universo.

Como mencionamos anteriormente, o ser humano é o Senhor da Criação e, pelo modo como está o seu aperfeiçoamento espiritual, pode tornar-se uma pessoa que esteja em nível tão elevado como Deus e Buda. Com isso, deve despertar o sentimento de gratidão como "bom demais, é gratificante!"

Eu não posso deixar de agradecer do fundo do meu coração por uma vida abençoada com saúde, conforto. Eu sou grato também a todas as plantas, árvores, rios, montanhas, animais e à natureza.

A velha canção dizia:

"Kyo Mo Mata Hoki Toru Teno Ureshishayo Hakanakunarishi Hitoni Kurabete."

"Hoje também, a alegria da mão pegar a vassoura, em comparação aos que não mais varrem."

Nós estamos vivos sob a bênção do Universo. Portanto, devemos dar suporte uns aos outros, aperfeiçoarmo-nos espiritualmente, senão a vida não irá realizar-se plenamente nesta sociedade. Até mesmo os ricos ou pessoas que pensam no status elevado, só poderão realizar-se na vida se houver auxílio dos outros. Devemos ser gratos por essa ajuda mútua.

"Não reclame da vida para que as coisas modifiquem positivamente. Viva em gratidão. Existem sempre pessoas numa situação pior do que aquela em que nos encontramos."
JOHNNY DE' CARLI

No Cristianismo, ensina-se:

A graça pela luz do raio do sol;
A graça pela água regida pela lua;
A graça pela generosidade da mãe terra.

No Budismo, ensinam-se as 4 valorizações:

Gratidão ao país;
Gratidão aos pais (antepassados);
Gratidão aos mestres e amigos;
Gratidão à sociedade.

No mundo da civilização materialista, quanto mais a ciência progride, muitos tendem para a arrogância dizendo "eu que fiz", afinal, o mundo está tornando-se cada vez mais violento.

Quando os seres humanos que estão sobrevivendo agradecem a força da mãe natureza e a todas as coisas que estão à sua volta, verifica-se aí um passo ao reconhecimento e ao exercício de expressar a gratidão, aumentando a autoestima. Quanto mais aprofundados nesse sentimento de gratidão, mais paz haverá na nação, na sociedade e no mundo, mais felicidade e prosperidade no lar. Ao mesmo tempo, obtém-se o seu próprio desenvolvimento ilimitado.

Os seres humanos são sempre abençoados pela mãe natureza. Vamos tentar ter sempre um sentimento de gratidão!

Seja dedicado no trabalho:

Aos seres humanos, quaisquer que sejam as pessoas, são dadas as funções conforme as suas capacidades de trabalho. Não só os seres humanos, mas todas as coisas que estão sob a influência da mãe

"Quem recebe um favor nunca deveria se esquecer de ser grato."
JOHNNY DE' CARLI

natureza estão de acordo com a vontade dos Deuses e Buda, realizando o trabalho que corresponde a cada um. Portanto, se forem dedicados com suas profissões, terão uma vida social adequada às suas capacidades e, eventualmente, serão abençoados na vida familiar. Isso é uma benção dos Deuses / Buda, a verdade.

Não é exagero dizer que uma mente preguiçosa é um infortúnio para a pessoa e que para a sociedade é um pecado. Uma vida sem a verdade é acompanhada de dificuldade.

Existem pessoas que confundem preguiça com tirar um descanso, pois a preguiça torna a mente libertina, e o tirar um descanso serve para recarregar o vigor (energia).

Para os seres humanos, não importa como envelheçam; fazendo o trabalho correspodente à idade obtêm uma estabilidade física e mental, e serão abençoados com a longevidade natural.

Desde antigamente, dizia-se que na água acumulada e parada geravam-se larvas de mosquitos, e no campo de cultivo que não recebia cuidados, a grama crescia.

Sempre use a cabeça, use o corpo e realize com dedicação o trabalho, com o máximo esforço, em qualquer tarefa, para melhorar o metabolismo.

Thomas Carlyle diz que:

"Vocês desejam grande triunfo, grande fama. No entanto, se ficarem de braços cruzados, o que buscam jamais se aproximará. Simplesmente, não se esqueçam daquilo que traz a vitória final, concentrando toda a sinceridade, de todo o coração, para aquilo que realizarem, até mesmo para o que está trivialmente encoberto."

"Seja dedicado ao trabalho" direciona ao sentido da missão e à ação para os nossos deveres do dia a dia.

"O trabalho é, ainda, o melhor meio de viver a vida."
Johnny De' Carli

Seja gentil com as pessoas:

Ultimamente, existem pessoas em vários lugares que colocam em prática ações sob o lema *"Movimento da Pequena Bondade."*

O ensinamento desta Associação sobre "Seja gentil com as pessoas" refere-se à vida que levamos como membros da sociedade e, também, como somos abençoados tanto por ela como pela natureza. Portanto, para nos tornarmos um grande membro dessa sociedade, antes de mais nada, é importante nos autoestabelecermos.

Qualquer pessoa, mesmo demonstrando toda a sua força, isoladamente, não consegue firmar-se na vida. O autoestabelecimento ocorre, por vezes, com a ajuda mútua de todos os lados. Surge a partir de algo a ser sedimentado. Com isso se origina a sociedade, compondo um sistema de bem-estar social.

Desse modo, devo dizer que as pessoas que são extremamente egoístas são consideradas destruidoras para a sociedade. Se há a presença de outros é porque a sua presença começa a ser reconhecida, assim sendo, devemos ser gentis com os outros da mesma forma como somos gentis conosco. Aqui, a interpretação que se deve ter é que a gentileza é uma questão da alma.

De qualquer forma, no mundo, há muitas pessoas que dizem "porque eu sou pobre, não consigo ser gentil com as pessoas", e deve ser dito que isto é um grave mal-entendido.

Dar dinheiro e bens faz parte de uma coisa boa, mas dar apenas dinheiro e bens materiais com o seguinte pensamento: "mas eu fiz isso para ele, eu fiz tanto para ele, naquela vez eu o ajudei bastante...", um pouco que seja, acaba tornando-se uma hipocrisia.

"Ser gentil é honroso, mas ensinar os outros a serem gentis é mais honroso."
JOHNNY DE' CARLI

Não se esqueça de que uma palavra de conselho, um aviso, torna-se uma gentileza eficaz, mais do que milhões de bens.

Vamos ter em mente que é um dever como ser humano servir com gentileza as outras pessoas, pensando que a vida em comunidade social é um campo de troca de bondade mútua.

"Gentileza e humildade andam de braços dados."
Johnny De' Carli

Método para fortalecer a Energia Reiki

Sobre a atividade de aperfeiçoamento espiritual desta Associação.

Existem os seguintes métodos para potencializar a energia Reiki:

1. Para adquirir o aperfeiçoamento espiritual.

Membros desta Associação: tenham em mente que quanto mais elevarem o caráter, mais forte torna-se a energia Reiki.

Basicamente, todas as coisas do Universo têm alcançado a evolução ou a expansão da criação, através do grande poder espiritual que está abundante no grande universo.

Os seres humanos são considerados como microcosmo porque recebem o grande poder espiritual desse Macrocosmo, e todos detêm uma parte dessa grande energia espiritual dentro do corpo. Portanto, é muito importante sempre ter em mente aperfeiçoar o próprio espírito e receber bastante a grande energia espiritual do Universo.

"O Universo é um reservatório ilimitado de possibilidades."
JOHNNY DE' CARLI

2. Receber a sintonização.

Um tipo de sintonização que veremos a seguir:

Para afastar pensamentos ociosos, entoamos os poemas do Imperador Meiji, afastando todos os pensamentos ociosos um momento antes dos preparativos da sintonização.

a. *Seiza* (posição correta de sentar-se):

Sentar juntando os dedões dos pés. Nos homens, joelhos abertos a 45° e nas senhoras, ajustar deixando um pouco aberto. Além disso, manter as costas e o pescoço eretos numa posição correta, fechar levemente os olhos e concentrar a mente no *tanden*.

Nessa hora, relaxe todo o corpo, pois é importante manter o mais natural possível, não podendo ficar todo duro e tenso.

Manter levemente o maxilar inferior, sem ajustar com força. Adotar uma postura na qual tiramos as forças de ambos os ombros de modo bem natural (contraia o períneo).

As pessoas que não podem sentar-se dessa maneira mantenham somente a postura correta, podendo ser com as pernas cruzadas (*agura*), ou podem sentar-se na cadeira.

b. *Kenyoku* (banho a seco):

O sentimento de abluir é uma forma de representar a limpeza da mente, a purificação do coração, do corpo, das mãos, sendo uma atividade a ser feita antes da meditação.

Primeiro, coloque a palma da mão direita sobre o ombro esquerdo, alinhar na gola, e escorregar a mão de cima para baixo para o lado direito.

Em seguida, com a palma da mão esquerda sobre o ombro direito, escorregar a mão no sentido do ombro direito para frente do

"Maiores conhecimentos implicam maiores responsabilidades."
Johnny De' Carli

corpo, embaixo da axila. Repetir o mesmo procedimento com a mão direita sobre o ombro esquerdo.

Logo após, esfregue (como se estive puxando) com a palma da mão direita a palma da mão esquerda, com a palma da mão esquerda a palma da mão direita e, por fim, com a palma da mão direita novamente esfregar a palma da mão esquerda.

c. *Joshin-kokyuu-Ho* (respiração para purificar a mente):

Quando encerramos o *Kenyoku*, em seguida realizamos o *Joshin kokyuu-Ho*. Com ambas as mãos, colocando sobre os joelhos, cada mão apertando levemente e formando um círculo. Acalmamos a mente na região no *tanden**, respirando silenciosamente.

Quando isso progride, a respiração torna-se tranquila que você nem percebe que está respirando e acaba sentindo como se estivesse respirando pelos poros. Tem uma sensação de conforto e o corpo fica mais leve, como se estivesse flutuando no ar. Após respirar 2, 3 vezes, juntar as mãos em prece.

d. *Gassho* (palmas das mãos em prece):

Ambas as mãos levemente juntas em frente do peito, sem colocar força.

e. Meditação ou concentração mental:

Na forma de *seiza* e *gassho*, direcionando a mente no *tanden*, propomos a meditação.

A meditação é boa para afastar os pensamentos ociosos e atingir um estado de desprendimento, mas, para isso, pode levar cerca de 2 semanas, se for rápido.

Quanto mais você tenta afastar os pensamentos ociosos, mais eles voltam a apresentar-se.

"A experiência nos ensina que nem tudo que é inacreditável é falso."
JOHNNY DE' CARLI

Se ficar no sentimento de "não me importo, tanto faz isso", mostra-se mais capaz de meditar ou concentrar-se mais depressa.

No início, é eficaz contar de 1 a 10 mentalmente, entoar os poemas e evitar os pensamentos ociosos.

Quando aparece um pensamento, surge um outro pensamento relacionado com esse, e vem um atrás do outro. Isso é uma prova de que não se concentrou.

Todo o barulho do mundo entra pela orelha. Não deixe o pensamento ser apanhado por isso.

O estado de distração poderia ser uma das formas de meditação.

Dispersando o pensamento ocioso, a pressão do sangue na cabeça começa a baixar, a mente e o corpo ficam reconfortantes, e o corpo fica leve.

Feche levemente os olhos. No início é escuro, um breu, mas cada vez que você avança, começa a ficar claro.

Além disso, você começa a sentir que o tempo passa rapidamente. Se praticar o *seiza / gassho*, de 1 a 2 vezes ao dia (o melhor é fazer antes de ir dormir e ao acordar, cerca de 15 a 30 minutos), perceberá que a energia Reiki fica cada vez mais forte.

Se praticar isso, não só a energia Reiki torna-se forte, mas também o local enfermo do corpo começa a ser curado, e o cansaço do corpo começa a melhorar.

Se possível, fazer o *seiza / gassho* em local com pouca iluminação e sentar-se voltado para o lado escuro.

f. Nesta situação, cada mestre fará a sintonização.

g. Entoar 3 vezes os Cinco Princípios:
Quando finalizada a sintonização, entoa-se 3 vezes os Cinco Princípios.

> *"As palavras nunca são capazes de explicar totalmente o inexplicável."*
> JOHNNY DE' CARLI

Na primeira vez – o mestre orientará.

Na segunda vez – todos entoam em uníssono.

Na terceira vez – entoar em uníssono, tendo a intenção de que cumpriremos com excelência os Cinco Princípios e, uma vez terminado, vamos orar para a saúde e a felicidade nossa e a dos outros, para a paz da humanidade, e para os Deuses / Buda / Cristo nos quais nós habitualmente cremos.

"A recompensa por um trabalho bem executado
é tê-lo executado."
JOHNNY DE' CARLI

As regras rígidas e os ensinamentos do Mestre Usui

O Mestre Usui nos deixou inúmeros ensinamentos, em especial um ensinamento rigoroso que diz:

"A lei da natureza do grande universo (Macrocosmo) estabelece que o nosso espírito (microcosmo) deva estar sempre em harmonia com ela, como um todo."

Ou seja, é a razão de que Deus e o homem são um conjunto, uma coisa só (o Universo está em mim e eu estou no Universo).

Além disso, foi ensinado que, se você tem convicção de que essa é a sua verdade, dependendo da sua relação com a natureza, das suas palavras, ações e de seu treinamento (aperfeiçoamento), o eu e o Universo tornam-se um só – naturalmente absoluto – e pode ser expressada a ação infinita.

Ou seja, esse é o estado natural do ser humano.

Há um velho poema que diz:

"Kumo Harete Nochino Hikarito Omounayo Motoyori Sorani Ariake No Tsuki."

"O Universo não está contido em coisa alguma, ele contém a si próprio."
Johnny De' Carli

Não pense que só porque as nuvens se abriram que a luz da lua começou a ser emitida. Mesmo estando escondida nas nuvens, a lua continuará a irradiar na mesma intensidade. Então nosso coração continuará a emitir na mesma intensidade – e continuou.

Ele nos ensina que o aperfeiçoamento espiritual com relação à verdade da natureza do Universo eleva o homem e torna-o grandioso.

Thomas Carlyle diz que:

"Os seres humanos que vivem sem saber o poder original do homem são patéticos. Somente aqueles que conhecem o seu verdadeiro poder vão prosperar forte, correta e belissimamente."

Se você tentar aplicar isso ao Reiki, a grande natureza ensina que temos uma força valiosa de cura natural e que devemos usar quando for necessário. Quanto às pessoas que vivem sem saber utilizá-la, é algo lamentável.

Como a parábola do "O homem rico e seu filho pobre" encontrada dentro do Sutra do Lótus, a qual diz que a pessoa herdou um "tesouro" em que tinha uma enorme e infinita riqueza vinda dos pais, dos antepassados, da grande natureza; que foi adquirido com muito esforço, porém, ele só ficou olhando, pois não sabia como abrir e nem como usá-lo.

Através do Mestre Usui, nós – membros – tivemos a oportunidade de abrir o tesouro da capacidade espiritual infinita e, enquanto estivermos vivos, decidiremos utilizar esse recurso para a nossa saúde (mente e corpo) e para ajudar muito as pessoas e o mundo.

"Os que leem sabem muito, mas os que observam sabem muito mais."
JOHNNY DE' CARLI

Ensinamentos do Mestre Usui

O Mestre Usui tinha bom conhecimento da situação da Europa e da América. Especialmente, ele conhecia muito bem a medicina, fato que os médicos especialistas ficavam surpresos.

Ele advertia duramente dizendo:

"Recentemente, as ciências médicas estão progredindo notavelmente, e de modo algum devemos ignorar os tratamentos médicos e os remédios. E, também, rejeitá-los seria uma imprudência sem limite."

No entanto, foi ensinado que:

"Na doença que não apresentar cura, mesmo com todo o esforço da medicina, por favor, continue curando com o Reiki."

E dizia com fé:

"Como não há uma doença que não seja curada com o Reiki, sempre tenha uma alma pura e, com incentivos, dedique-se ao tratamento."

Igualmente, foi transmitido que "aqui só há uma situação em que não se consegue a cura, nem com o Reiki, nem com as orações do Xintoísmo e Budismo. Isso ocorre quando esgota o tempo de vida. Ou seja, a vida humana tem um limite, não havendo diferença se é

"A morte não é algo para se temer, é a vida numa outra dimensão."
Johnny De' Carli

adulto ou criança. Esta é a lei da natureza, refere-se individualmente a cada um; quanto a isso, não há nada a fazer. Mas, quando se descortina esse tempo de vida, devem-se realizar - ainda mais - todas as medidas necessárias e fazer o tratamento com bondade e seriedade até o final. Dessa forma, até mesmo as pessoas que sofrem muito com as doenças, sem dúvida terão uma morte serena, uma passagem tranquila. Empenhe-se em realizá-las."

Caso I

A mãe do Sr. Suzuki, dono da Loja Suzuki, que fica em Kobe, foi informada de um câncer no estômago. Com o resultado da laparotomia, feita no hospital provincial, descobriu que já era tarde demais, sem meio de fazer a cirurgia, e recebeu a recomendação de fazer o tratamento médico em sua residência.

Sr. Suzuki, muito dedicado e, de alguma maneira, desejando que a morte fosse tranquila e pacífica, foi ao encontro do mestre Mitsune para consultá-lo. O tratamento terminou após cerca de 2 semanas, momento em que ocorreu a morte serena, e ficou muito grato com isso.

Caso II

O Sr. Yutaka Igi, que morava em Chigasaki (nessa época tinha 42 anos), em 1970, foi operado de úlcera no estômago; com o resultado da laparotomia, foi descoberto que era câncer de estômago e, às pressas, foi submetido a uma cirurgia para esse fim. Após a mesma, que durou cerca de 5 horas, embora continuassem episódios de melhoras e pioras, em 1971, com o resultado do tratamento com o Reiki, decidiu empenhar-se na recuperação até ser capaz de trabalhar.

"As pessoas, quando desencarnam, levam somente aquilo que deram de coração."
Johnny De' Carli

Em janeiro de 1972, foi internado novamente, foram introduzidos vários novos tratamentos e medicamentos; continuou a lutar contra a doença com muito esforço. Em junho de 1972, finalmente sem sentir um sofrimento sequer, teve uma morte serena.

Os familiares do falecido agradeceram, dizendo que foi com a ajuda do Reiki.

Caso III

No final de maio de 1974, o mestre Nakagawa - desta Sede - teve uma morte serena aos 86 anos, sendo isso relatado pelo familiar do falecido (que também era membro). Quase no final do mesmo mês, fizeram uma excursão em Atami com umas pessoas voluntárias, e ele tinha um comportamento um pouco diferente do normal. Ao regressar a Tokyo, o mestre Nagano e algumas outras pessoas revezaram o tratamento dentro do carro. Quando chegaram a Shinagawa, ele estava bem animado e retornou ao seu lar. Foi ao banho público e, após a limpeza do corpo, entrou num coma profundo e teve uma morte serena.

Apesar de não conseguir escrever os ilimitados casos, a firme crença do Mestre Usui foi demonstrada através de membros de vários lugares.

Penso que, ainda assim, as pessoas que possuem vários relatos de experiências e de cura, se puderem informar aos nossos membros, planejaremos a edição das mesmas, para colocar à disposição como referências aos associados.

Mande-nos sem hesitar, pois ficaremos satisfeitos.

"Tudo é necessário, mas tudo é passageiro."
JOHNNY DE' CARLI

Inúmeras palestras sobre estudos espirituais

A existência da Energia Reiki

Todas as coisas do universo, tudo quanto existe no céu e na terra possui a energia Reiki, sem exceção. No entanto, dizem que em cada país do mundo que possui a ciência moderna desenvolvida, ainda não se chegou a uma explicação certa da energia Reiki em si, o que seria e que forma possui.

Numa parte da sociedade, existem pessoas que dizem ter visto fantasmas, alma penada, discos voadores. Como também em um verso humorístico "YUREI NO SHOTAI MITARI KARE OBANA", que diz que as pessoas pensavam que eram fantasmas, mas na verdade eram gramíneas secas. No geral, o senso comum é que quase todos não conseguem vê-los e nem tocá-los.

Entretanto, todas as coisas que existem no universo têm vida porque possuem a energia Reiki. Isso quer dizer que se trata de uma existência real imaterial.

"Todo o Universo flui como a água; para senti-lo, não o retenha, simplesmente abra as suas mãos."
JOHNNY DE' CARLI

Na ciência moderna, foram feitas - ao longo dos anos - as descobertas do mundo microscópico nos estudos moleculares, atômicos e eletrônicos. Chegamos à fase de aplicá-las de fato.

Entre os estudiosos, também existem muitas pessoas que estão tentando descobrir e levando muito a sério a energia Reiki.

Em todos os países do mundo, a denominação da energia Reiki e o seu funcionamento têm a sua própria peculiaridade, mas, em geral, dizem ser uma capacidade de o corpo irradiar energia.

- Índia (Brahman / Yoga) .... Prana
- Áustria (Mesmer) .... Biomagnetismo
- Estados Unidos (Ghooms) .... Eletricidade animal
- Primeiro Mestre da técnica de tratamento com a energia espiritual (do Japão - Tanaka Taireido) .... Éter
- Nossa Terapia Reiki de Usui .... Reiki

Na descoberta e apresentação sobre a energia Reiki por volta de 1916 / 1917, foi anunciado que "é quase semelhante aos raios alfas e anódicos (produzidos em tubos fechados a vácuo) que são emitidos a partir dos elementos radioativos como tório, actínio e outros."

Uma vez que a ciência moderna está passando por progressos verdadeiramente surpreendentes, pode-se dizer que está próximo o dia em que a existência da energia Reiki será explicada cientificamente.

"Dilua todas as diferenças em um Todo Maior, isso é evolução."
Johnny De' Carli

Sobre a atuação da Energia Reiki

Tanto o homem como todas as coisas que existem no universo vivem com a atuação da energia Reiki, conforme os 3 itens a seguir:

1. Energia que dá movimento à nossa vida (energia da natureza que dá a vida): espírito;
2. Ação da nossa mente (energia da natureza que atua na alma / mente): alma (mente);
3. Capacidade da cura natural (energia da natureza que mantém vivo o corpo): carne (corpo).

Desde o surgimento de todas as coisas que existem no universo, a energia Reiki é uma força que nos foi concedida pela verdade da mãe natureza – no Budismo é a força da sabedoria extraordinária; no Cristianismo, o Deus da criação; na Ciência, a energia universal. Então, é de sua natureza irradiar energia.

A Ciência afirma que o corpo humano possui essa capacidade de irradiar energia.

"A grande dificuldade do ser humano é ver a realidade."
Johnny De' Carli

A energia Reiki, em geral, é difícil de ser vista; entretanto, nesta Associação, quando recebemos a orientação de usar o *"Hatsurei-Ho"*, sem dúvida, pode-se admiravelmente ver a energia Reiki saindo de cada pessoa.

Provavelmente, é a capacidade de o corpo humano irradiar energia. Essa capacidade, ou seja, a energia Reiki, comum a todas as coisas que existem no universo, refere-se à vida presente nas pessoas e nos seres vivos. Essa energia propicia que levemos a vida em harmonia.

Com o avanço da física moderna, há muitos questionamentos das vantagens e desvantagens da radioatividade artificial, a feita pelo homem.

Em tratamento médico, quando é utilizada adequadamente, torna-se uma prática eficaz, porém, quando o seu uso é indevido, causa danos ao corpo e aos seres vivos.

- Tratamento médico: raios X, cobalto, raio infravermelho, isótopos e outros.
- Arma / armamento: bomba atômica, bomba de hidrogênio e outros.

Em Hiroshima e Nagasaki no Japão, houve o batismo do primeiro bombardeio atômico do mundo.

Com o avanço do conhecimento humano, hoje a ciência tem feito grandes progressos; além disso, para sermos capazes de aproveitar os benefícios da mãe natureza, devemos agradecer a sua grandeza. Porém, quando passamos do limite, os benefícios da mãe natureza também são negados e isso pode ocasionar uma destruição.

Foi-nos dito que o homem é o Rei da Criação. Portanto, em qualquer pessoa ou coisa, preserva-se uma grande quantidade de energia Reiki.

> *"Usemos os recursos, mas sem abusar deles."*
> Johnny De' Carli

Dizem que, em especial, o Japão, além de ter trazido ao conhecimento o poder da energia Reiki, constitui uma nação de excelência no mundo.

Dependendo de como for esse aprendizado a respeito da atuação da energia Reiki, pode-se chegar a proceder de uma maneira semelhante aos Deuses (Xintoísta e Budista). Não é um exagero dizer que não há outro – exceto o homem – capaz de executar os trabalhos semelhantemente aos Deuses.

Nas pinturas e imagens Budistas, na imagem de Cristo, a aura está sempre brilhando.

Isto é, os grandes antecessores estão ensinando a forma de como a energia Reiki é emitida, dependendo do seu aperfeiçoamento espiritual.

Além disso, existem muitos casos que são relatados, nos quais sumos sacerdotes, Cristo e outros curaram doenças ao tocarem com as mãos o corpo do doente. Ou seja, através dessas pessoas de excelente personalidade foram irradiadas energias e, quanto mais forte essa irradiação, mais se percebeu o milagroso efeito de cura.

Nós, provavelmente, temos muita hesitação da alma nos desejos mundanos, na ambição, na ansiedade, na raiva e na tristeza, devido à competição pela sobrevivência.

De qualquer maneira, tendemos a ter a desorientação total e a perder de vista o grande espírito – com o qual estávamos ligados no início – que nos capacitava a executar um trabalho semelhante aos Deuses.

Lamentavelmente isso vai ocultando-se, e muitas vezes não mostramos o brilho da aura. É considerado um desperdício.

"Uma pessoa sem Deus é como uma lâmpada apagada."
Johnny De' Carli

Os membros desta Associação, ao cumprirem os Cinco Princípios, obtêm um avanço no aperfeiçoamento espiritual, tornando eficaz essa energia Reiki inata, congênita. Além disso, manifestam admiravelmente o seu efeito porque realizam as melhorias da mente e do corpo, as suas e as dos outros. Então, vamos continuar a elevar e melhorar a nós mesmos, acumulando treinamentos (experiências), tornando-nos pessoas mais competentes, com maior capacidade espiritual a fim de sermos capazes dessa realização, assemelhando-nos aos Deuses.

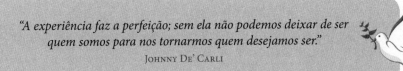

"*A experiência faz a perfeição; sem ela não podemos deixar de ser quem somos para nos tornarmos quem desejamos ser.*"
Johnny De' Carli

O corpo move-se conforme a nossa alma – Tenha a mente e o coração puros

O propósito inicial desta Associação é melhorar a saúde da mente e do corpo. Portanto, é para os membros aumentarem os resultados desse benefício.

No geral, o tratamento de doença parece ser o principal motivo do ingresso nesta Associação. É claro que isso é importante!

Aqui, o objetivo é tentar colocar um assunto principal, um foco para a melhoria mental e física indo até a origem do problema.

De que maneira conseguimos curar a doença mental e física nossa e a dos outros com a Terapia Reiki? É só aplicá-la na parte doente que irá curar. Ainda não está cientificamente provada.

Percebe-se que sob a influência de um desequilíbrio, uma parte do tecido celular é destruída no interior do corpo, e o local com pouca atuação da energia Reiki vemos ser atacado por uma doença, sem nenhum impedimento (o mesmo vale para o ferimento externo).

"Não deixe crescer ervas daninhas no jardim do seu corpo."
JOHNNY DE' CARLI

Uma pessoa com capacidade espiritual, ao colocar suas mãos carregadas de energia Reiki sobre a parte doente, afetará a função da célula e ela será restaurada (imaginar que está carregando uma bateria).

Como fazer para o Reiki manifestar-se: unir-se ao seio, ao coração da mãe natureza, trazendo a plenitude e a aparência do momento do seu nascimento, como um bebê. Descartando a pequena sabedoria do básico da realidade.

A mãe natureza, sempre no seu peito acolhedor, abraçará a todos e nos concederá uma forte energia Reiki.

É importante deixarmos de lado o pequeno conhecimento, ficarmos longe da teoria, esvaziarmos por completo, sem barreiras – de uma maneira ingênua até - e nos entregarmos à natureza.

As pessoas que têm fé e que praticam a meditação possuem uma energia Reiki forte. É um fato incontestável. Ser cético é algo não muito bom, não traz qualquer vantagem.

Certamente, saiba que no início do aprendizado será incrédulo e, conforme vai repetindo o treino, provavelmente a fé e a convicção tornam-se mais fortes.

Assim que possível, coloque suas mãos no doente, iniciando os tratamentos e aumente a sua confiança pela experiência. Até então, com a intenção de esvaziar-se, desconecte-se da teoria e vá acumulando o aperfeiçoamento espiritual.

O grande filósofo global Immanuel Kant ensinou a teoria do conhecimento da existência, a filosofia transcendental.

Na verdade, Kant tinha raquitismo de nascimento e era corcunda.

Exatamente aos 17 anos de idade, tinha um crescimento de uma criança normal de cerca de 5 a 6 anos e, além disso, tinha uma saúde frágil. Os pais, muito preocupados, receberam um diagnóstico médico

"Use com sabedoria seus dons."
Johnny De' Carli

com uma "expectativa de vida de alguns meses". O médico, com pena desse jovem, disse para o próprio: "dependendo dos cuidados da saúde, ainda estará bem por 6 a 7 anos."

No entanto, Kant imediatamente disse: "enquanto eu não me tornar alguém de sucesso, não morrerei."

As pessoas que estavam ao seu redor ficaram surpresas, e foi exatamente isso. Ele manteve a longevidade com seus 75 anos e tornou-se um grande filósofo. Esse é o resultado da fé intensamente sustentada por Kant, como um grande filósofo, e finalmente dominou a condição real da compreensão da existência da mente.

Pode-se dizer que Kant mostrou ao mundo a prova de que a mente e o corpo têm um fluxo de ligação e, se o espírito do sujeito for forte, o seu corpo funciona de acordo com a mente.

"A fé é o alento da vida."
Johnny De' Carli

A excelente pessoa de capacidade espiritual

Para se tornar uma excelente pessoa em termos de capacidade espiritual, não há outra forma a não ser continuar treinando e praticando o aperfeiçoamento espiritual. O caminho é de uma variedade infinita, havendo muitas opções; porém, nesta Associação, através dos poemas do Imperador Meiji, estimamos a purificação da alma / mente, cumprindo diariamente os Cinco Princípios, harmonizando a mente e o corpo e praticando o aperfeiçoamento espiritual.

Digo em poucas palavras que cumprir os Cinco Princípios não é algo tão fácil de ser executado. Mesmo nas pequenas coisas, é fácil gerar a raiva, a preocupação, a insatisfação, a negligência no trabalho e o conflito com as pessoas, por exemplo.

Pode-se dizer que até são atitudes superficiais que ocorrem, como às vezes imaginamos na nossa alma / mente, porém esses sentimentos são bastante difíceis de dissiparem-se, pois, muitas vezes, os pensamentos continuam a surgir.

Assim perguntam: "Enquanto não conseguirmos cumprir completamente os Cinco Princípios, o Reiki não irá fluir?" Se não

"Precisamos entender que os poderes superiores se encontram dentro do próprio ser humano e não fora dele."
JOHNNY DE' CARLI

negligenciarmos o acúmulo de empenho, cumprindo diariamente, poderemos nos tornar, certamente, excelentes pessoas de capacidade espiritual e chegarmos a emitir uma energia Reiki muito forte.

O sentimento humano é de uma variedade infinita e existem algumas diferenças.

No entanto, das pessoas que receberam a sintonização nesta Associação, até agora, não há uma sequer em que a energia Reiki não esteja fluindo. Porém, apesar de a energia Reiki estar fluindo, se, com muita frequência, não praticarmos os Cinco Princípios e não nos determinarmos quanto à melhoria da alma, repentinamente o Reiki deixará de fluir.

Por favor, tenha cuidado.

De manhã, ao acordar, sentar em "*seiza*" em cima do piso, juntar as mãos em prece, e entoar os Cinco Princípios.

Novamente, não importando se está de noite ou muito tarde e, mesmo estando cansado, sentar-se um pouco em "*seiza*" em cima da coberta acolchoada e recitar os Cinco Princípios como agradecimento pelo dia de hoje. Tomando isso como um hábito, ficará com um sentimento de pesar se não o fizer.

Se mantiver esse hábito, será um grande feito.

É importante a sua atitude a cada dia!

"É bem melhor viver norteado por hábitos que por regras. Os hábitos não são impostos para você segui-los; você não precisa conservá-los, eles conservam você."
JOHNNY DE' CARLI

Sobre o Imperador Meiji e o Dr. John Batchelor

O Doutor em Teologia do Reino Unido, John Batchelor, foi até o Japão com o objetivo de realizar um trabalho missionário em Hakodate, Hokkaido em 1893.

Fundou a escola Airin, o jardim de infância e a escola de proteção ou abrigo de Ainu, escreveu histórias do passado e do presente do povo dessa região (Ezo) e, além disso, era um homem benevolente. Tem sido relatado que se dedicou ao povo de Ainu por quase 17 anos, até o ano de 1909, em Hokkaido. Por acaso, quando o Imperador Meiji fez uma visita em Hokkaido, o mesmo ouviu as realizações do doutor e concedeu-lhe uma condecoração pelos seus atos.

No ano seguinte, John Batchelor foi convidado para o encontro na festa das flores de cerejeiras. Muito satisfeito, compareceu ao mesmo e o resultado do aperto de mão do imperador foi como uma indução de uma poderosa energia Reiki, o que o deixara muito surpreso.

Originalmente, o doutor possuia uma personalidade elevada, porém o Imperador Meiji era dotado de uma personalidade muito

"A verdadeira caridade é praticada em segredo, é impalpável e invisível."
Johnny De' Carli

superior e, só pelo fato de terem apertado as mãos, o Dr. Batchelor teria recebido uma forma de sintonização do Imperador.

Em seguida, ouvimos dizer que John Batchelor tornou-se uma pessoa de capacidade espiritual respeitável e, apesar de ele não saber o motivo, realizou curas através da imposição das mãos naquele povo e nas demais pessoas que estavam doentes.

*"Interesse-se pelos seus semelhantes.
Busque ajudar aqueles que não têm as suas possibilidades."*
Johnny De' Carli

Sobre a capacidade de cura natural

Originalmente, a doença humana pode ser curada com a energia Reiki da própria pessoa, ou seja, com a capacidade de autocura, sem depender mais que o necessário da ajuda dos outros, de medicamentos e de médicos.

Os animais selvagens, na natureza, quando ficam doentes, são capazes de autocurarem-se de um jeito admirável. Muitas vezes vemos os cães e gatos lambendo as feridas e curando-se. Se as condições dos órgãos internos estão ruins, instintivamente comem a grama ou fazem jejum, levando à cura.

O rato que consome raticida faz a desintoxicação comendo uma planta silvestre que se chama *"Yuki no shita"*.

No entanto, por que o homem, que é considerado o Senhor da Criação e que recebe a capacidade da cura natural, não é capaz de curar a sua doença?

Isso é o resultado do grande desenvolvimento da ciência e da medicina, originando comparações e causando muitas dúvidas. Ou seja, é perturbado pelos conceitos e rigidez, confiando em demasia nos

"Muitas pessoas esperam pelo milagre em vez de serem o milagre."
JOHNNY DE' CARLI

resultados da medicina tradicional, o que o impede de utilizar e fazer funcionar a energia Reiki, a qual é adquirida pela natureza.

Nossos ancestrais mantiveram-se vivos dentro da verdade da mãe natureza, sem muitos pensamentos mundanos e, nessa vida, inseridos na natureza, usavam a força da cura. Ao longo da história da humanidade, hábitos e treinamentos foram atuando no subconsciente; quando algum lugar do nosso corpo doi, dizemos "que dor!", e fazemos o gesto de colocar a mão na região afetada. Os gestos dos nossos ancestrais estão presentes nos tempos modernos. Só pressionando pacientemente a parte afetada, tinham o domínio da força de autocura.

As pessoas modernas, por sua vez, fazem muito tumulto como "Oh! Ah! O remédio!", "O médico!", e muitas vezes ficam em pânico.

O Mestre Usui, durante o retiro em jejum, teve a grande compreensão da verdade e, com isso, esse método de tratamento foi aberto ao público, para milhões de pessoas.

Em qualquer geração, que está sempre mudando, foi ensinado de que a verdade é absolutamente imutável.

Agora, nós vivemos numa atual civilização material que está se desenvolvendo rapidamente e, além disso, pensamos ser de uma felicidade suprema termos afinidade com a prática da Terapia Reiki. Cada vez mais, vamos praticando o aperfeiçoamento espiritual, melhorando física e mentalmente e, como Senhores da Criação, tornando-nos excelentes pessoas com capacidade espiritual, sem embaraço algum e adquirindo a capacidade de cura natural.

"A força capaz de ser emanada por nossas mãos não se explica, usa-se."
JOHNNY DE' CARLI

Noções para conduzir um tratamento

Para o tratamento, é muito importante atuarmos com seriedade, com a mente pura, sem interesse pessoal e com bondade.

É uma grande satisfação ver as pessoas, cujos médicos desistiram de ter esperanças, tornarem-se felizes novamente com a cura. Se você tiver tempo livre, por favor, ajude-as cada vez mais.

É importante para a melhora e o progresso no tratamento.

Noções de tratamento

a. O paciente deve ficar numa posição confortável. Pode deitar-se ou sentar-se. Deixar na posição mais confortável e fazer o tratamento;

b. Determinar qual mão (lado) vai usar no tratamento, pois será utilizada apenas essa mão definida. Feche levemente a outra mão e carregue com a energia Reiki vinda da mãe natureza. No entanto, podem ser utilizadas as duas mãos para tratamento de certos órgãos que estão aos pares, como as orelhas e os rins;

> *"Ajudar um ao outro ao longo do caminho é o processo pelo qual ajudamos a nós mesmos."*
> JOHNNY DE' CARLI

c. Estenda a palma da mão e ponha levemente na área afetada. Não pressionar e sim, apenas colocar a mão o suficiente para tocar;

d. Com a segunda articulação do dedo médio, toque na área afetada para conseguir fazer o tratamento confortavelmente e, além disso, tomar cuidado para que as mãos e os braços não se torçam;

e. Tratar de 15 a 30 minutos cada local. Quando tiver vários locais, limitar a realização em 1 hora. O melhor seria fazer um tratamento com mais tempo, porém, o doente pode ficar incomodado e sofrendo; isso interfere deixando o efeito mais fraco. Mas, se o doente desejar, isso é permitido, não importando o tempo do tratamento.

Ao invés de fazer um tratamento contínuo de 1 hora, é preferível dividir de 20 a 30 min, com intervalos, para um bom resultado;

f. Quando for fazer o tratamento, é essencial estar com um bom sentimento. Se, durante o tratamento, ficar sonolento, fazer uma pausa e depois retomar. Durante o tratamento, não há impedimentos de ficar conversando, tomar chá, cigarros e outros; porém, evitar, dentro do possível, conversas complicadas e que usem muito a cabeça;

g. Embora seja bom colocar a mão diretamente sobre a pele, existem pessoas que não gostam. Pacientes em estado febril que não possam ser tocados, não há necessidade de fazê-lo diretamente. O Reiki atravessa qualquer coisa, por cima da roupa, da roupa de cama, da coberta acolchoada, não importando nem um pouco;

h. Em caso de doença de olhos, cubra-os com um lenço ou gaze;

i. Quando tem um paciente do sexo feminino e o terapeuta for homem, é muito importante tomar cuidado quando for colocar a mão diretamente no corpo, principalmente ser for a primeira vez

"Não viemos ao mundo para viver sem ajuda."
Johnny De' Carli

que faz o tratamento. Nao há problema quando se tem intimidade ou familiaridade, pois há uma compreensão mútua;

j. Para qualquer paciente, é necessário fazer o Gedoku-Chiryo-Ho (tratamento para desintoxicar). Sempre executá-lo. No Gedoku-Chiryo-Ho, dependendo do tipo de doença, pode ter uma reação e é necessário ter muito cuidado. Porém, para pacientes com temperamento nervoso, não informá-los diretamente, e sim, aos familiares que, em qualquer eventualidade, possam transmitir uma sensação de segurança (são muitas as reações em doença autossômica dominante);

k. Sempre portar um aparelho esterilizador de álcool portátil quando for realizar um tratamento;

l. A pessoa com capacidade espiritual não será infectada por uma doença contagiosa. Ela tem o poder espiritual que cura também em epidemias (nesse caso, o terapeuta não pode ter medo; isso é proibido).

"Quem faz as tarefas com amor, as faz melhor."
Johnny De' Carli

Características da Terapia Reiki

Byosen (irradiação da doença):

Quando colocamos a mão na parte doente, sentimos algo que se manifesta na doença e que vem da origem da mesma.

Isso é chamado de B*yosen*. A sensação do *Byosen* tem a ver com o tipo, o grau, a melhora e a piora da doença e outros; como a situação é diferente de pessoa para pessoa; então, dá-se de uma maneira indeterminada. Realmente isso dependerá das experiências.

Os jovens, no geral, são mais sensíveis e dizem "que lento", "não sei", com relação à sensação do *Byosen*, mas não sejam pessimistas. Cada vez que vocês colocam a mão, vão adquirindo mais sensibilidade.

São várias as sensações, sendo elas como se a energia Reiki estivesse passando, ou algo pulsando, ou algo furando com a ponta de uma agulha ou de caruma, ou um inseto rastejando, ou sentindo uma comichão, ou como se tivesse levado uma mordida, uma sensação de dor e dormência.

No local onde existe a doença, certamente percebe-se o *Byosen*. O *Byosen*, fisicamente, manifesta-se até em caso em que a doença

"A limitação dos sentidos não nos permite uma receptividade total."
JOHNNY DE' CARLI

ainda não se apresentou. O *Byosen* aparece de 2 a 3 dias antes do diagnóstico médico.

Tomando algumas precauções, faça o tratamento antes do início da doença, assim, evitando que seja tarde demais. E, mesmo após o médico diagnosticar como "curado", o *Byosen* pode manifestar-se.

Se você conseguir detectar, tratar e remover isso o suficiente, então a doença não voltará.

O *Byosen* manifesta-se em vários lugares, além da área afetada.

Por exemplo, se tem afta, ele manifesta-se na sola do pé; doença de estômago seria na testa; lombriga, sob o nariz; problemas no fígado, nos olhos e assim por diante;

Gedoku-Chiryo-Ho (eliminar a toxina):

Fazer o tratamento no *tanden* e fazer o *Nentatsu* para "eliminar a toxina"; continuar por aproximadamente 30 minutos. Se você fizer dessa maneira, vai liberar qualquer toxina.

Bom para intoxicação alimentar (carne), intoxicação por medicamentos / drogas, doenças de pele, problemas após injeções e acupuntura. Especialmente, sempre utilize essa técnica com pessoas doentes que estejam ingerindo medicamentos durante muito tempo.

Quando se produz o efeito, a cor da urina fica branca e turva, parecida com a água de arroz lavada, as fezes saem escuras e mal cheirosas, e o corpo, mesmo estando confortável, fica mole e sonolento. Se não surtir o efeito na primeira vez, por favor, realize de 2 a 3 vezes até surti-lo.

De qualquer maneira, por favor, faça o tratamento, mesmo em doenças oculares, com vermelhidão e doenças de pele.

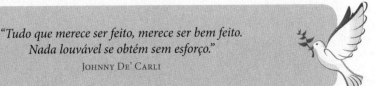

"Tudo que merece ser feito, merece ser bem feito.
Nada louvável se obtém sem esforço."
JOHNNY DE' CARLI

Ketsueki-Kokan-Ho (método de troca de sangue):

É um método de troca de sangue que, quando realizado durante um período em pessoas com escrofulose, em convalescentes e em idosos, resulta em boa saúde. Continue a fazer por um período de 15 dias, 1 mês ou 6 meses.

No *Ketsueki-Kokan-Ho* existem 2 procedimentos:

- *Hanshin-Ketsueki-Kokan-Ho* (método de troca de sangue na metade do corpo): Isto é, despir a parte superior do corpo. Na parte superior das costas, alisar do centro para as laterais (tanto à direita quanto à esquerda, ao mesmo tempo) de 10 a 15 vezes; em seguida, com os dois dedos tocar a coluna vertebral em ambos os lados, alisar no sentido de cima para baixo, até o osso do quadril e, aqui, pressionar fortemente (há um ponto onde não sente dor).

  Repete-se isso umas 15 vezes e a pessoa que está realizando o procedimento prende a respiração em todas as vezes.

  É eficaz com crianças se fizer isso na hora do banho.

- *Zenshin-Ketsueki-Kokan-Ho* (método de troca de sangue no corpo inteiro): Esse trata a cabeça (aproximadamente 5 minutos), ambos os braços, coração, estômago e intestino.

  Alisar ambas as pernas, da coxa até a ponta dos pés, várias vezes. Todo o processo deve durar cerca de 30 minutos.

Nentatsu (transmissão de pensamento):

O *Nentatsu* é um método que faz com que aquilo que você tem em mente seja transmitido à outra pessoa - ao aplicar a energia Reiki em um doente na região da testa, na borda onde cresce o cabelo. Por

*"Não tente agarrar tudo de uma só vez.
Veja o que é prioridade e faça bem uma coisa de cada vez."*
JOHNNY DE' CARLI

exemplo, em paciente com doença grave, transmite-se o pensamento de "a doença vai curar". Também são transmitidos os Cinco Princípios. Realizá-lo em apenas 1 a 2 minutos, sendo isso o suficiente. Em caso de paciente com doença grave, é melhor sempre fazer o *Nentatsu* a cada tratamento.

Em geral, o Reiki é uma terapia para a mente, que é muito eficaz, influenciando a natureza do estado mental do paciente. Por isso, com a compreensão por parte do paciente, através do *Nentatsu*, torna-o seguro e com mais vontade, e isso é muito importante. Essa influência sobre o pensamento da pessoa, na qual se projeta o que se tem em mente, tem sido comprovada psicologicamente.

Caso você faça meditação, conseguirá adivinhar o pensamento de uma pessoa que esteja projetando um mesmo pensamento e que esteja próxima a você.

A energia Reiki, a mente, transcende o tempo e espaço, não há distância. Quando fechamos os olhos, a distância desaparece e torna-se livremente flexível no mundo espiritual. Isto é, podemos dizer que é a atuação do sexto sentido refletida no subconsciente.

Desde antigamente, por exemplo, quando uma criança inquietava-se por sentir a morte de seus pais, pela energia presente desse pensamento, ocorria sob a forma de pressentimentos.

O *Nentatsu* é um método de transmissão para o subconsciente do paciente. Naqueles de doenças leves, não precisa fazer sempre. Iniciar colocando a mão na parte lesada e fazer o *Nentatsu* de 1 a 2 minutos.

Quando o *Nentatsu* é eficaz, o paciente fica aliviado no tratamento.

Porém, se não houver alguma convicção, além de não se empenhar com sinceridade no tratamento, o doente vai sentir essa insegurança e relutará.

> "Os pensamentos, quando corretamente nutridos e absorvidos, tornam-se realidade. Os pensamentos são elementos de poder."
> JOHNNY DE' CARLI

O tratamento realizado com sinceridade irá gerar confiança, tranquilidade (paz de espírito) e sentimento de gratidão no doente. Se tiver com pensamento ruim, o resultado não será bom.

Os tratamentos que os grandes sacerdotes e sábios dos tempos antigos faziam eram eficazes porque, realmente, a natureza de uma personalidade nobre refletia diretamente na alma do paciente.

Acumular inúmeras experiências:

A Terapia Reiki, até mesmo nas pessoas que recebem a sintonização pela primeira vez, já pode fluir muito forte no início. Mas, o importante é que, na realidade, devemos praticar bastante e adquirir nossas próprias experiências.

É fundamental adquirir treinamento para atingir "o ponto, o alvo, o lugar certo, a habilidade e o tato" e diagnosticar na fase inicial. Para isso, torna-se necessário fazer muitas experiências de tratamento. Durante o atendimento, deve-se abster do pensamento de arrogância como "eu vou te curar".

É a energia Reiki que vai curar, não devemos duvidar do tratamento; é uma ideia muito tola pensar que você que o curou. Sinceramente, é importante ser modesto!

Há uma razão para o aperfeiçoamento espiritual, para fortalecer o caráter e a personalidade nesta Associação. Por mais que tenhamos a abundância de experiência terapêutica e mesmo tendo feito tratamentos em muitas pessoas, devemos ser muito prudentes quanto à maledicência mútua entre os colegas.

A energia Reiki é emitida pelo corpo todo, mas a emissão é mais forte pela boca, olhos e na palma da mão.

"Transforme toda situação desagradável em uma experiência agradável de aprendizado."
Johnny De' Carli

Na mão, seria na segunda articulação do dedo médio, mas dependendo da pessoa, há também as que irradiam melhor pela palma da mão.

No tratamento, a pessoa que tem a capacidade espiritual deve lembrar-se de sempre colocar a intenção na região do *saika tanden* (ponto que fica 3 dedos abaixo do umbigo).

Três grandes principais causas da doença:

1. Hereditariedade: doença causada pelo sangue dos pais, dos antepassados (isso é uma pena!);
2. Coração (sentimento): embora referido como paranoia (memorização de medo), tem pessoa que, mesmo não tendo nada, acaba desenvolvendo a própria doença que criou, esquecendo-se da dignidade do homem que é abençoado pela mãe natureza, obtendo um resultado produzido pelas ideias e pensamentos rígidos. É a doença criada por uma somatização devido a um sentimento doente;
3. Meio ambiente: essa não é uma doença tão preocupante, mas acontece quando as pessoas ao redor tratam o outro como se tivesse uma doença muito grave.

São indivíduos os quais falam que o outro tem uma saúde debilitada e que, por isso, contrai muitas doenças. Expressam palavras de derrota, direcionando palavras como: "você está abatido, deve ter algo errado".

Nós acreditamos que somos fracos e temos ideias que atormentam desnecessariamente a mente e, de qualquer maneira, temos a atitude de um paciente com uma doença bem grave (criticamente enfermo).

Conseguimos criar a doença pela nossa própria mente e de acordo com o meio ambiente, o que está ao nosso redor.

> *"Três atitudes bloqueiam o ser humano: o negativismo, o julgamento e o desequilíbrio."*
> Johnny De' Carli

Os associados, em geral, são pessoas que possuem a capacidade espiritual, uma fé determinada, firme e uma alma segura. É importante elevar a capacidade espiritual. Isso é ter em mente a saúde física, mental e espiritual.

Reação:

Há momentos em que, ao tratar com a Terapia Reiki, o estado da doença piora.

É uma reação e, de modo algum, não devemos nos preocupar, porque é uma prova de que ouve um efeito terapêutico.

Geralmente, a doença crônica apresenta uma condição médica aguda e gradativamente vai melhorando. Na nevralgia e no reumatismo, por exemplo, a dor piora de 2 a 3 dias, por causa do tratamento; em otite média, aumenta a quantidade de pus; em sarampo, surgem erupções na pele, o suficiente para se tornar um vermelho forte.

Mesmo com essas reações adversas, que podem surgir no tratamento com a energia Reiki, distinguem-se sensações toleráveis e de conforto, quando comparamos a um não tratamento com essa terapia. Isso é o resultado do tratamento e é visto como que todas as causas das doenças foram tiradas de uma vez. A doença que apresenta essa reação possui uma cura mais rápida; então, pode ficar despreocupado.

"A única dor fácil de suportar é a dor dos outros."
JOHNNY DE' CARLI

Atenção em relação ao médico

O médico ajuda no tratamento da doença, utilizando medicamentos para ativar o metabolismo e, em caso de cirurgia, após a mesma, usa antisséptico e outros, aguardando a atuação do metabolismo.

A Terapia Reiki utiliza a capacidade de cura natural para o tratamento de doença e, nesse propósito, há uma sincronia, pois eles combinam. Portanto, é possível a atenção simultânea, tanto a médica quanto a da Terapia Reiki.

Penso que a medicina moderna esteja passando por um rápido progresso e, no caso de encontrar-se doente, seria errado evitar o médico.

O médico deve ser respeitado em meios científicos e empíricos. Na lei nacional, necessitamos do atestado de óbito desse profissional e não devemos rejeitá-lo de modo algum. Isso foi mencionado na rígida instrução do Mestre Usui. Preferivelmente, após o diagnóstico apropriado e o tratamento médico, humildemente realizar a Terapia Reiki.

Quando a doença é leve, curamos com a energia Reiki; quando os pacientes são desenganados pelos médicos, fazemos o tratamento que

"Saiba reconhecer o valor de tudo."
Johnny De' Carli

não prejudique nem um pouco. Entretanto, quando um simples quadro agrava-se, imediatamente devemos solicitar o diagnóstico médico.

Escolha um médico de confiança, de alta personalidade.

Favor consultar esse profissional na fase inicial. É proibido deixar para última hora, pois poderá ser tarde demais.

A Terapia Reiki é eficaz em todas as coisas que existem no universo, não se limitando somente ao ser humano.

A Terapia Reiki também tem o seu efeito em cavalos, cães, gatos, peixinhos dourados, pássaros, árvores, sementes e similares.

1. Para o peixinho dourado que está morrendo, aplicar a energia Reiki do lado de fora do aquário ou colocar a mão dentro do mesmo e segurá-lo levemente. Após esse feito, ele vai nadar com vigor;

2. Para o filhote de ave que está quase morrendo, colocá-lo na palma da mão e aplicar a energia Reiki serenamente. A partir do dia seguinte, ele estará com energia andando ao redor;

3. Para o tratamento de pássaros, aplicar em cima da gaiola ou segurar apertando levemente. Ele começará a cantar com energia (experiência feita em pardal de Java domesticado);

4. Quando aplicamos a energia Reiki em ovos de bicho-da-seda, nascem resistentes (com boa saúde), fazendo casulos de excelente qualidade (experiência do mestre Tsumura, situado no Vale de Naguri);

*"Viver em plenitude é amar intensamente.
A intensidade do amor faz a qualidade da vida."*
Johnny De' Carli

5. Para *ikebana* (arranjos de flores naturais), sempre fazemos o *mizuage* (corte do caule para melhor absorção da água). Mas, quando aplicamos a energia Reiki após o *mizuage*, aumenta o número de dias de durabilidade desse arranjo floral;
6. Em *ikebana*, a flor de Lótus não possui um *mizuage* muito bom, mas o grau de duração é bem diferente entre aquele que recebeu a energia Reiki e o outro que não recebeu;
7. No caso de estacas, aplicar a energia Reiki nos cortes; os mesmos não irão murchar (experiência em Sasaki);
8. Aplicando a energia Reiki no arroz ainda com casca, terá uma colheita de boa qualidade (experiência em Omama, Gunma).

Ouvimos com atenção os incontáveis casos dos membros, e foi demonstrada a grandeza dos resultados da energia Reiki não só nos humanos, como para todas as coisas que existem no universo.

"Olhe as coisas ao seu redor com amor e renasça."
Johnny De' Carli

Explicação do manual da Terapia Reiki

No "Manual de Terapia Reiki" (porte obrigatório), que todos possuem, estão escritos detalhadamente os procedimentos e é bom segui-los para realizar o tratamento.

Todas as pessoas com o propósito inicial de tratar, por mais que não consigam compreender o *Byosen*, devem pôr a mão levemente na parte doente, pois isso terá um efeito considerável. Por favor, estejam confiantes ao realizar o tratamento.

Na prática, sempre colocar a mão na parte anterior e superior da cabeça, onde cresce o cabelo, e não se esquecer de fazer o *Nentatsu*.

Seguindo o "Manual de Terapia", vamos enumerando um pouco mais detalhadamente o resumo dos "pontos" indicados.

"Trate sempre preventivamente muito bem de seu corpo físico, é sua única garagem onde, temporariamente, você estaciona, nesta rápida passagem de vida terrena."
Johnny De' Carli

Partes acima do pescoço

Cabeça

O tratamento inicia-se na cabeça mesmo tendo outra parte que não esteja bem.

Sequência:

1. Linha frontal do cabelo (parte anterior da cabeça / testa);
2. Tratar ambas as têmporas usando as duas mãos (partes laterais da cabeça);
3. Parte de trás da cabeça;
4. Parte de trás do pescoço, nuca (tem terminação nervosa cruzando nesse local);
5. Topo da cabeça (parte do topo da cabeça e a coroa);

Essas 5 regiões devem ser tratadas aproximadamente de 30 a 40 minutos.

Fazer o tratamento no topo da cabeça para diminuir a febre.

Para insônia, neurose: olho, parte posterior da cabeça (no homem, aplicar também no estômago; na mulher, no útero), coração, estômago e intestinos.

Hemorragia Cerebral (Derrame) • Trombose Cerebral

Hemiplegia à direita → lado esquerdo da cabeça;

Hemiplegia à esquerda → lado direito da cabeça;

Coração, estômago e intestinos, rins (limpa o sangue), parte com paralisia.

> *"Trate muito bem do seu corpo físico;*
> *nunca se esqueça, você vive nele."*
> Johnny De' Carli

Arteriosclerose • Hipertensão

Cabeça, coração, rins.

Olho

Mesmo quando um olho esteja ruim, tratar ambos os olhos ao mesmo tempo (Nota: colocar a gaze ou papel para impedir a entrada de bactérias);

Globo ocular, canto do olho próximo ao nariz, canto externo do olho;

É bom incluir uma massagem leve com o dedo em volta dos olhos;

Para olho com hiperemia, realizar o método *Gedoku-Chiryo* (tratamento para desintoxicar);

Não se esquecer de tratar o fígado.

Orelha

Colocar o dedo médio das duas mãos dentro do canal de ambas as orelhas, deixar os demais dedos na frente e atrás do pavilhão auricular. Quando você sentir o pulsar nos vasos sanguíneos na ponta dos dedos é porque está melhorando da doença;

Deixar a energia atuando na cavidade logo abaixo da orelha e no osso elevado atrás dela (é principalmente necessário em caso de otite média);

Quando retiramos os dedos da cavidade da orelha, é bom exalar fazendo o sopro "fuh";

A orelha e os rins possuem uma profunda relação; então, sempre tratar os rins.

"As pessoas fariam muito mais coisas, se acreditassem que muitas delas são possíveis."
JOHNNY DE' CARLI

Nariz

Apertar levemente as asas do nariz com o polegar e o dedo médio; apoiar o dedo indicador entre as sobrancelhas;

Nuca (parte de trás do pescoço);

Baço (flanco esquerdo).

A congestão nasal melhora com o tratamento de 15 minutos.

O pólipo nasal e empiema requerem um período de tempo considerável. Se forem tratados com todo o empenho, terão uma recuperação completa.

O nariz e a ginecologia possuem uma profunda relação.

Dor de dente

Tratar o local dolorido pelo lado de fora, além disso, tratar a parte traseira do osso maxilar inferior, onde estão os gânglios linfáticos;

Especialmente quando a gengiva está pulsando, é porque muitas vezes o *Byosen* manifesta-se debaixo das orelhas;

Sentimos também o *Byosen* na raiz do dedo mínimo e do dedo anelar.

Boca

Pôr ambos os lábios entre os dedos;

Quando aparece a afta, o *Byosen* manifesta-se muitas vezes no arco do pé.

"Acredite em seu poder de vencer, de prosperar e de modificar a sua realidade."
Johnny De' Carli

Língua

Coloca-se a mão na língua com uma gaze;
Coloca-se a mão na base da língua, parte inferior da garganta.
É eficaz o tratamento que é feito no arco do pé.

Garganta

Coloque levemente a mão na garganta;
Nuca (parte de trás do pescoço);
Em amidalite, fazer o tratamento como que enganchasse as mãos no queixo. É uma doença fácil de curar, porém pode ocorrer febre alta, então, fazer o tratamento em conjunto com os rins;
Para problemas na tireoide, aplicar em torno de uma saliência, onde ficam as cordas vocais;
Em tosse, aplicar na garganta ou na parte superior do tórax. A tosse do resfriado é, em geral, na garganta.
Asma, coqueluche e tosse de traqueia, fazer o tratamento no peito. Se os sintomas forem muito fortes, tratar a boca do estômago.
Se possível, evitar comer batatas.

"Não seremos capazes de tratar do corpo enquanto não levarmos a alma em consideração."
Johnny De' Carli

Órgãos Internos

Peito

É eficaz para a pleurisia e a pneumonia;

Para doenças pulmonares, a pessoa que for inexperiente deve perguntar ao médico o local que foi acometido da doença, e tratar pacientemente por um logo tempo. No entanto, exige esforço de 6 a 9 meses. Não se esquecer de tratar colocando a mão na região das costas;

Na traqueia, aplicar em cima das clavículas.

Coração

É necessário tomar cuidado, porque é muito sensível;

Embora faça o tratamento abaixo da mama esquerda e na coluna vertebral, no início começar com um curto período de tempo e, então, aumentar gradativamente;

Evitar de colocar a mão diretamente no coração. Fazer o tratamento de lado (face lateral) ou na parte de trás do mesmo;

Se houver uma reação com grave palpitação, tratar enquanto esfria o local com uma toalha molhada;

São muitos os casos de problemas do coração em crianças fracas; há, então, a necessidade de tratá-las.

Seio

Fazer o tratamento cobrindo o seio com a palma da mão;

Para aquelas que amamentam, tratar segurando por baixo (haverá umas reações).

"Passamos a vida pensando que somos afetados pelos eventos externos, quando, no máximo, estamos sendo afetados pelas nossas próprias atitudes."
Johnny De' Carli

Estômago

Em doença gástrica aguda, fazer o tratamento na boca do estômago;

Quando é crônica, levantar o polegar da mão direita na boca do estômago, deitar a palma da mão na barriga - é aproximadamente a localização do estômago. Fazer o tratamento nesse ponto;

Em caso de gastroptose, apesar de o estômago estar mais caído, é bom fazer o tratamento desse mesmo modo anteriormente citado;

Problemas no fígado interferem no estômago;

Realizar o *Ketsueki-Kokan-Ho* (técnica de troca de sangue);

Fazer o tratamento no local que fica entre as escápulas;

Tenha cuidado quando há dor do lado inferior esquerdo do estômago, pois há bastante incidência de caso de câncer do estômago e úlcera gástrica;

Quando há úlcera gástrica, fazer o tratamento na cabeça, conscientizando o paciente;

Com a prática, observar o estado da doença. Sendo algo leve, tratar a cabeça e o estômago. Se for algo mais complicado, tratar os rins em conjunto;

Para doença gástrica, em pessoas que perderam peso, é recomendável fazer o tratamento na parte de trás, nas costas.

Baço

É um órgão que produz sangue localizado no flanco esquerdo, à esquerda do estômago;

Para doença relacionada ao nariz, tem bastante efeito fazer o tratamento no baço.

"Nós criamos a realidade que atraímos para a nossa vida a todo o instante."
JOHNNY DE' CARLI

Intestino

Há uma variedade de doenças como diarreia, constipação. No intestino se produz sangue[9], então, não negligencie, sempre realizando o tratamento do intestino.

Em caso de constipação, além de fazer o tratamento na região abdominal, tratar por cerca de 30 minutos na parte mais baixa, no osso sacro. Tem efeito imediato em constipação de bebês;

Em catarro do intestino grosso, fazer o tratamento no colón ascendente, colón descendente e colón transverso e, especialmente, tratar com cuidado o canto do intestino;

Para o intestino delgado, é bom fazer o tratamento colocando a mão na região abaixo do umbigo, bem no meio. Não se esqueça de tratar a coluna vertebral;

No umbigo, sentimos muito o *Byosen* de vários órgãos internos. Em particular, se a área ao redor do umbigo estiver rígida, há evidências de que alguns lugares com relação aos órgãos internos estão ruins; então, trata-se com essa intenção (coração • pulmão • fígado • rins • baço • pâncreas).

Fígado (incluir vesícula biliar) e Pâncreas

O fígado fica localizado à direita do estômago, a metade fica na parte interna das costelas e a outra, na parte inferior. Quando nos sentimos cansados, o tratamento no fígado ajuda na recuperação;

Realizar o tratamento no fígado, principalmente, quando os olhos ficam cansados;

---

9 O intestino é considerado o nosso segundo cérebro

> *"Equilibrando seus chacras você trará o seu corpo ao perfeito funcionamento."*
> Johnny De' Carli

Tratar o fígado em caso de cálculo biliar e icterícia (fazer o tratamento na frente e atrás);

Em caso no qual apenas o ombro direito ficar rígido, fazer o tratamento do fígado;

Para o pâncreas, tratar a boca do estômago e o umbigo. Para diabetes, colocar a mão nessa região fará com que a cura seja rápida;

A pessoa que sofre de problemas no fígado tende a tropeçar. Fazer o tratamento no fígado e no coração (pelas costas).

Rins

Estão localizados entre a costela e o osso do quadril, um lugar macio, em ambos os lados da coluna vertebral. Colocar a palma no quadril; o local onde os dedos das mãos estão alinhados horizontalmente é onde estão os rins. Fazer o tratamento na frente e atrás;

Pode usar ambas as mãos;

Quando o fígado se esforça muito ou adoece, afeta os rins;

Sempre fazer o tratamento em caso de beri-béri, hemorragia cerebral e neurose;

Sempre trate bem os rins porque dizem que "quando o rim enfraquece, a visão sobre a vida escurece e desaparece o ânimo";

A recuperação é mais rápida se fizer o tratamento nos rins, em caso de doenças relacionadas com infecções na orelha (otite média) e zumbido;

Para a pielonefrite crônica, toque na região dos rins 1 ou 2 vezes. Em seguida, ficará com febre alta e terá a cura completa.

"A saúde do corpo é o bem mais valioso que o ser humano pode ter."
Johnny De' Carli

Bexiga • Uretra • Testículo

Para a bexiga, fazer o tratamento abaixo do umbigo, em cima do osso pubiano levantado. Em tempo de muito calor, as mulheres são facilmente afetadas;

Para a uretra e testículos, o tratamento é feito em cima da roupa;

Para enurese (ato de urinar na cama, dormindo), tratar a cabeça e a bexiga. Pode ocorrer a sensação de *Byosen* no nariz.

Doenças da mulher

Embora a doença seja relacionada ao útero e ovários, os casos são mais comuns em útero. Fazer o tratamento na região abaixo do umbigo e no osso pubiano. Ao iniciar o tratamento, pode aumentar o corrimento, mas quando esse processo encerra, a recuperação é completa;

Há melhora mesmo em má posição do feto e em dores menstruais (tratar abaixo do abdômen, osso sacro e entre a vértebra lombar e o osso sacro);

Para o útero antevertido e retrovertido, caso não tenha feito cirurgia, pode melhorar;

O tratamento feito no pré-natal e pós-natal tem efeito imediato;

Quando o tratamento do útero se der na parte de trás, é bom fazê-lo na fenda interglútea.

> "Você tem sempre aquilo que cria
> e você está sempre criando."
> JOHNNY DE' CARLI

Sobre o parto

Durante a gestação, fazer o tratamento 1 a 2 vezes por semana; fará muito bem ao desenvolvimento do feto. Quando o recém-nascido é pequeno, de 3 a 5 dias após o nascimento sendo tratado, observa-se um melhor desenvolvimento do que os bebês que nasceram grandes;

Quando a náusea matinal da gestante piora, fazer o tratamento do estômago e do útero;

Na gravidez ectópica, quando chega aos 5 meses, é comum dizer que não tem mais jeito, mas se realizar o tratamento com Reiki, as impurezas são expelidas. Nesse tipo de gravidez, o interior do útero torna-se pegajoso, porém, mesmo quando tem alguma ruptura, rapidamente o sangue é expelido. E, mesmo aquelas que foram desenganadas pelo médico, com 2 a 3 dias de tratamento, estarão completamente fora de risco e, a seguir, terão uma rápida recuperação;

Trata casos de feto invertido e casos em que o cordão umbilical fica enrolado no pescoço;

O andamento do parto é rápido;

A febre puerperal após o parto tem melhora;

A recuperação pós-parto é rápida. Normalmente, o útero se contrai depois de 12 a 13 dias após o parto. Se realizar o tratamento com a Terapia Reiki, o útero volta a ser como antes em torno de 3 a 4 dias após o parto.

"Você torna real aquilo que acredita que é real."
Johnny De' Carli

Hemorroida

É bastante comum o caso dessa doença nos japoneses. Fazer o tratamento colocando-se um algodão hidrófilo / gaze na parte enferma ou fazer em cima da roupa;

O tratamento em fístula anal tem uma melhora surpreendente;

Para hemorroidas, fazer o tratamento no topo da cabeça;

Quando tratar problemas no ânus, fazer o doente sentar-se, e logo depois colocar a mão abaixo da base onde se senta para fazer o tratamento com mais facilidade.

Correção da coluna vertebral

Cervical: 7 vértebras

Torácica: 12 vértebras

Lombar: 5 vértebras

20 vertébras estão ligadas por cartilagem e, na parte inferior, estão juntos o osso sacro e o cóccix;

A estrutura vertebral, parecendo uma série de bambu, tem a importância de uma coluna mestra de uma casa. Apoia os homens das pernas até o topo;

Em humanos, na origem da vida, a primeira região a ser formada é a coluna vertebral. Em seguida, o coração e a cabeça, em uma ordem. E não é exagero dizer que "a deformação na coluna vertebral é a fonte de todos os tipos de doenças."

É importante que os membros desta Associação sempre mantenham a postura correta;

Todas a pessoas que tiverem a coluna vertebral deslocada deverão ser imediatamente corrigidas;

"Faça sempre o melhor que puder, dentro de suas possibilidades, onde quer que esteja."
JOHNNY DE' CARLI

Como identificar esse deslocamento? Verificar com os olhos ou alisar com os dedos, colocando-os em ambos os lados da coluna vertebral, friccionando-os;

Se o osso estiver fora do lugar, com os 3 dedos, calmamente, colocados sobre o osso, tratá-lo naturalmente. O osso dessa parte vai se mover no seu devido lugar e surpreendentemente ele pode ser facilmente corrigido (não colocar muita força).

Quando a origem da doença é desconhecida

Cabeça;
Coração;
Gedoku-Chiryo-Ho (tratamento para desintoxicar);
Coluna vertebral;
Estômago e intestinos;
Rins.

Doenças Diversas

Nevralgia • Reumatismo

Cabeça (em especial a parte de trás);

Local dolorido: quando realizado o tratamento, aparece a reação aumentando mais ainda a dor. É para continuar o tratamento; exige um pouco de paciência;

Se estiver com febre, tratar a cabeça e a boca do estômago;

Se estiver constipado, tratar estômago e intestinos, vértebra lombar e o osso sacro.

"Não se deixe intimidar pela dúvida."
Johnny De' Carli

Soluço

É o espasmo do diafragma. Abaixe as mãos da pessoa e trate colocando a mão no estômago;
Tratar a região central da cabeça.

Asma

Cabeça: tratar também o nariz;
Peito: coração - parte superior de ambos os peitos (mamas);
Boca do estômago e estômago: são grandes as influências do estômago;
Rins: os rins podem ser umas das principais causas da asma.

Quando estamos na metade do tratamento, a reação pode tornar-se mais forte, então é melhor deixar o paciente ciente. Leva consideravelmente mais tempo, mas continue pacientemente o tratamento. Durante a crise, empenhar-se na aplicação. Durante o tratamento, evitar o consumo de derivados de batatas por 1 ano.

Mielopatia

Cabeça;
Coluna vertebral;
Rins.
Embora esse tratamento leve um tempo considerável, fazendo pacientemente, certamente, ficará completamente curado. Não se desesperar com doenças ósseas.

"Faça sua parte, deixando, nas mãos de Deus, apenas aquilo que não é capaz de fazer."
Johnny De' Carli

Diabetes

Cabeça;
Coração;
Fígado;
Pâncreas;
Rins;
Estômago e intestinos;
Tratamento no corpo todo (*Zenshin-Ketsueki-Kokan-Ho*).

Medir o nível de açúcar antes de realizar o tratamento. Conforme for realizando, gradualmente o nível de açúcar vai diminuindo. Informar o paciente da situação, despertando, assim, uma esperança no mesmo.

Beri-Béri

Coração;
Estômago e intestinos: quando se trata de beri-béri, o estômago fica muito rígido parecendo uma tábua (placa);
Algumas partes dormentes nas pernas e pés, em caso de inchaços nas pernas.

"Geralmente, sozinhos não vemos onde estamos errando."
Johnny De' Carli

Doença de graves (Basedow graves)

É uma doença em que a tireoide fica inchada e o globo ocular sobressai.

Cabeça;
Olhos;
Garganta (tireoide);
Se for mulher, fazer no útero;
Coração;
Tratamento na metade do corpo (*Hanshin-Ketsueki-Kokan-Ho*).

Corte e feridas

Faça o tratamento colocando a mão no lugar onde está a ferida;
Quando a artéria estiver sangrando, realizar o tratamento após estancar o sangue;
Como um milagre para de sangrar e a dor cessa.

Queimadura

Quando tratamos diretamente é muito dolorido. Manter uma distância de 4 a 5 cm. Aguarde a dor cessar, coloque uma gaze e realize o tratamento diretamente. Marcas de queimadura extremas não permanecem.

"Procure ver em cada situação um motivo de aprendizado."
Johnny De' Carli

Ulceração de pele causada pelo frio

Realizar o tratamento colocando a mão na parte afetada;
Se ainda estiver no início, geralmente é curada de uma vez.

Espinho

Enquanto realizamos o tratamento, ele sai naturalmente. Quando a espinha de peixe fica espetada na garganta ou, quando algo fica encravado, favor não entrar em pânico. Fazer o tratamento pelo lado de fora da garganta. Há momentos que, juntamente com a tosse, acaba expelindo.

Choro Noturno

Quando chora de repente, intensamente: tratar o estômago e os intestinos;
Choro contínuo: tratar a cabeça;
Ranger os dentes: tratar a cabeça;
Ronco alto: tratar a cabeça (especialmente a nuca) e o nariz.

Coqueluche

Cabeça: mesmo em adultos e crianças, a tosse é neurogênica. Fazer o tratamento em especial na cabeça, conscientizando o paciente;
Estômago e intestinos;
Garganta;
Peito;
Boca do estômago;
Rins.

"Mantenha-se envolvido com aquilo que seja realmente essencial."
Johnny De' Carli

Difteria

Crianças de 1 ano até idade escolar são suscetíveis;
Aparecimento de febre, as amígdalas incham, produz uma membrana branca na mucosa da garganta e a tosse sai como se fosse um apito;
Antes de tudo, tratar com a injeção de soro;
Cabeça • garganta • peito • estômago e intestinos • rins • *Tanden-Chiryo-Ho*[10].

Sarampo

No início do sarampo, a febre não diminui; pelo contrário, eleva;
Mesmo utilizando a técnica para abaixar a febre, no caso de não acontecer, pode indicar ser mesmo o sarampo;
Técnica para abaixar a febre • cabeça • estômago e intestinos • coração • local com erupção cutânea.

Luxação

Se colocar a mão no local onde o osso deslocou, ele se encaixará naturalmente.

Fratura dos ossos

Depois de passar pelo ortopedista e fazer o procedimento médico, pode fazer o tratamento descrito acima.

---

10 Método terapêutico na região tanden

"*Nada neste Universo acontece por acaso.
O acaso não existe, como também não existe a coincidência.*"
Johnny De' Carli

Seikaku-Kaizen-Ho

Tratamento de hábitos, inclinações, propensões

- Enjoo em veículos como trem, navio a vapor e outros;
- Vício da bebida e fumo;
- O gostar e o não gostar de comidas (preferência alimentar);
- Cleptomania;
- É uma técnica para o tratamento desses fins acima mencionados.

Exemplos:
- Quem odeia matemática, começa a gostar.
- Quem dorme demais pela manhã, começa a levantar mais cedo.
- Quem odeia estudar, começa a gostar;
- Tratamento dessa técnica: a parte de trás abaixo do topo da cabeça, parte plana, tratar de 15 a 30 minutos e fazer o *Nentatsu*.

Exige paciência, mas consegue-se corrigir.

"Primeiro as pessoas fazem seus costumes, depois seus costumes as fazem."
JOHNNY DE' CARLI

O acima mencionado é apenas um resumo. Quanto às partes omitidas, por favor, sigam o "Manual de Tratamento" e ouçam cada mestre e pessoas habilidosas e qualificadas. De qualquer forma (além de qualquer outra coisa), realizar o tratamento em lugar familiar e próximo de você. Se no lar houver uma pessoa que saiba sobre a Terapia Reiki, a sombra da deidade causadora de doença é cortada, trazendo harmonia ao lar. Portanto, nunca é demais fortalecer o poder espiritual, fazendo com que as nossas casas tenham uma bela aparência e, se for possível, conseguir repelir essa deidade, tendo, assim, cada vez mais prosperidade. Mesmo só, ajude uma grande quantidade de pessoas doentes e eleve a fé (convicção) com relação à Terapia Reiki.

A autoconfiança é a chave importante para o progresso do Reiki.

Se possível, realize por si próprio, sem a necessidade de ajuda e sem depender de outros veteranos.

Na Terapia Reiki, quanto mais tempo de tratamento fizer, melhor será. Para paciente terminal, o tratamento deve ser direto, dia e noite. Se fizer isso, sem dormir e sem descansar, revezando-se, qualquer doença maligna e grave poderá ser curada.

Com o aprendizado da Terapia Reiki, pretendemos planejar, pesquisar e esforçar-nos para progredirmos e melhorarmos cada vez mais.

"Nenhum esforço que fazemos para o bem é desperdiçado."
Johnny De' Carli

No Final

Nós, os membros, que herdamos a obra deixada pelos muitos veteranos e, primeiramente, pelo fundador Mestre Mikao Usui, sintonizado pela maravilhosa Terapia Reiki, estamos somando os aprendizados diários para a melhoria física e mental nossa e a dos outros, em todo o país e para todas as pessoas deste mundo.

Ouvimos que o Mestre Usui aconselhou com rigor este "Ato de publicidade para o crescimento e expansão da Associação."

Esta terapia que nos foi deixada, de uma maneira geral, é despojada e está de acordo com a verdade da mãe natureza. É considerada ser a melhor terapia da natureza.

Somente aqueles que aprendem este método podem conhecer esta satisfação, esta alegria.

Neste mundo, cada vez mais complicado e confuso, um tanto louco, mais as doenças inexplicáveis, de causas desconhecidas, aumentam. Será que o moderno sistema de saúde, a medicina atual, está tratando o homem como objeto, como em uma competição, em que em um lado há o aparecimento de uma doença desconhecida e em outro o lançamento de novos medicamentos?

"Executar algo é mais importante que planejar."
Johnny De' Carli

Ainda mais nesta época, é extremamente necessário os membros desta Associação praticarem e elevarem o aperfeiçoamento espiritual, dia e noite, para a melhoria física e mental deles e dos outros.

Se todos os associados aumentarem os resultados da compreensão, assim como a percepção e a determinação em tratamento médico gratuito, com relação à Terapia Reiki, acredito que naturalmente essa "coisa boa", "boa terapia" vai espalhar-se infinitamente.

Esta Associação também, no passado, tem acompanhado várias histórias.

O procedimento desta Associação não é suficiente e houve veteranos que saíram, tornando-se independentes e, em seguida, fizeram grandes atividades e ações.

O curso da história está em constante mudança, porém, de uma forma diferente, a nossa Terapia Reiki está ativa em vários lugares no mundo. Isso é bom!

Não apague a chama desta terapia, os esforços de nossos membros para deixarem as "coisas boas" para as novas gerações, para as pessoas, para o mundo, tornando uma prática ilimitada para a melhoria física e mental de todos. E, se persistirmos, nós acreditamos que o Mestre Usui e os vários veteranos sempre nos acompanharão do mundo espiritual.

O Mestre Usui está em sono eterno no cemitério do Tempo Saihoji, localizado em Koenji, Tokyo.

Além disso, propomos não deixar extintos os cuidados como a limpeza da sepultura, incensos, coroa de flores e respeito a outros grandes mestres como o Segundo Presidente, Mestre Jusaburo Ushida, o Terceiro Presidente, Mestre Kanichi Taketomi, e os demais mestres e membros competentes falecidos desta nação.

> "Saiba reconhecer o esforço alheio e retribuir o carinho expressando gratidão. Não existe exagero na gratidão."
> Johnny De' Carli

Atualmente, as pessoas são postas em atividades em vários lugares, filiais, em vales e demais regiões e, cada vez mais, juntas acumulam o aperfeiçoamento espiritual e dedicam-se para a melhoria física e mental de si e dos outros. Vamos orar pela prosperidade desta Associação.

É a nossa missão como membros.

No texto, se perceber algo incompreensível, se você tem algo importante para acrescentar ou corrigir algum erro, por favor, não hesite em informar.

Responsável pelo texto escrito: Koshiro Fukuoka (pertencente à Sede).

"O ensinamento só termina quando cumpre o papel de ensinar."
Johnny De' Carli

Anexo 1

Instituto Brasileiro de Pesquisas e Difusão do Reiki

Pessoas interessadas em realizar seminários devem contatar:
Mestre de Reiki Johnny De' Carli
Email: ritadecarli@gmail.com
Whatsapp: +55 11 99619-2769
Home page: reikiuniversal.com.br

Endereço em São Paulo:

Alameda Santos, 2223, conj. 52 – Cerqueira César
CEP: 01.419-101 – São Paulo/SP
Tels. 0055 11 3062-9941 / 3062-9647 / 99619-2769 (VIVO/Whatsapp)

Endereço no Rio de Janeiro:

Rua Siqueira Campos, 43 salas 633 e 634 – Copacabana
CEP: 22.031-070 – Rio de Janeiro/RJ
Tels. 0055 21 2256-8267 / 2235-3142

Todos estão convidados a conhecer nossas sedes.

"Seja um bom profissional, mantenha-se atualizado."
JOHNNY DE' CARLI

Bibliografia

Fukuoka, Koshiro e Wanami, Hoichi (Usui Reiki Ryoho Gakkai) – Reiki Ryoho No Shiori, 1974.

"O bom Reikiano é orientado a respeitar o trabalho pioneiro dos mestres que o antecederam."
JOHNNY DE' CARLI